ThéoTEX
Site internet : theotex.org
Courriel : theotex@gmail.com

© Michel Le Faucheur 2024
Édition : BoD – Books on Demand, info@bod.fr
Impression : BoD – Books on Demand, In de Tarpen
42, Norderstedt (Allemagne)
Impression à la demande
ISBN: 978-2-3225-2069-5
Dépôt légal : Avril 2024

Prières

et

Méditations Chrétiennes

Michel Le Faucheur

1649

ThéoTEX
— 2023 —

Dédicaces

A Messieurs

de l'Église Réformée de Montpellier

Messieurs, et très honorés frères,

Ce que plusieurs de vous ont désiré de moi, je vous le donne à tous, et pour servir à ceux qui peuvent avoir besoin de mon aide en cet exercice spirituel, et pour vous témoigner à tous l'affection que je vous porte en Jésus-Christ notre Seigneur. Et présent et absent je vous porte tous sur mon cœur, et il n'y a rien qui me rende ma vie plus agréable que de la pouvoir employer à votre édification et à votre salut.

Outre la charge que j'exerce au milieu de vous, les prières et les larmes que vous avez répandues pour moi en mes afflictions, tant de charitables offices que vous m'y avez tous rendus, et l'amour cordial que vous m'avez toujours témoigné depuis que j'ai été par la miséricorde divine rendu à vos prières, m'obligent envers vous à toutes les plus ardentes affections d'un pasteur envers son Église, et à penser continuellement en quelle façon je pourrais vous rendre mes labeurs utiles.

Le Seigneur Dieu vous rende celui-ci aussi profitable que je le désire, et vous ayant par notre ministère enseigné à le bien prier, exauce toutes vos prières, vous donnant de sentir de salutaires effets de celles que je lui présente jour et nuit pour vous, à ce qu'il vous garantisse par sa bonté de tous vos ennemis, qu'il vous enrichisse de tous ses dons, qu'il vous conserve entiers et irrépréhensibles jusqu'à l'avènement de notre commun Rédempteur, et qu'il vous rende en cette dernière journée la couronne et la gloire de celui qui est, messieurs et très honorés frères, votre très affectionné pasteur et très humble serviteur en Christ.

Le Faucheur

Ce 22 novembre 1616.

Aux mêmes

Messieurs et très honorés frères,

Ce petit livret de prières que je vous ai dédié il y a longtemps, étant sur le point d'être réimprimé, plusieurs bonnes âmes m'ont sollicité à y ajouter quelques autres oraisons sur plusieurs sujets pour leur direction en cet exercice spirituel, et pour leur consolation en diverses occasions; ce que je n'ai pas cru que la charité me permît de leur refuser. C'est ce qui m'oblige aujourd'hui à vous l'adresser derechef avec l'addition que j'y ai faite, laquelle je me suis promis que vous n'aurez pas désagréable.

C'est pour vous assurer qu'encore que le malheur des temps m'ait séparé de corps d'avec vous, je ne laisse pas de demeurer, comme je serai toute ma vie, lié d'un indissoluble lien de charité avec votre Église, la considérant toujours comme si j'étais encore l'un des pasteurs, et priant Dieu de tout mon cœur qu'il la veuille bénir de ses plus précieuses bénédictions ; comme je vous supplie aussi de vouloir toujours m'honorer de votre sainte amitié, et d'avoir souvenance de moi en vos prières.

Je suis, Messieurs et très honorés frères, votre très humble et très obéissant serviteur,

Le Faucheur

A Paris, ce 11 août 1649.

1

Prière à Dieu pour obtenir le don de la prière.

SEIGNEUR BON DIEU qui a donné ton Fils au monde pour sauver les croyants, et qui ne refuse jamais ton bon Esprit à tes enfants quand ils te le demandent ; comme par une charité qui surpasse mon entendement, tu m'as donné le Fils de ta dilection[a] : par cette même charité, donne-moi l'Esprit de ta grâce lequel me fasse connaître Jésus-Christ mon Seigneur, me rende témoignage que je suis du nombre de tes enfants, me fasse crier à toi, *Abba Père*, et par des soupirs qui ne se peuvent exprimer te présente les désirs et les affections de mon cœur.

De moi-même, mon Dieu je ne sais point ce que je dois prier ainsi qu'il convient, mais je sais que cet Esprit, ce bon Esprit, cet Esprit de science, de prière et d'amour, subvienne à ma faiblesse, intervienne lui-même pour moi, et te fasse requête pour mon salut qui te soit agréable. Par cet Esprit, ô Père des lumières illumine mon entendement en la connaissance des biens qu'il me faut principalement désirer, afin que mettant en arrière toutes les choses de ce monde sinon en tant qu'elles sont nécessaires durant cette vie à ma subsistance, j'aspire seulement aux biens célestes et vraiment désirables, le pardon de mes fautes, la régénération de mon âme, ta connaissance, ta crainte, ton amour et la gloire de ton Paradis. Que mon cœur brûle au dedans de moi, du désir de ces biens, que jour et nuit, saint et malade, vivant et mourant, je te les demande ; que pour les obtenir,

---

a. Amour pur et spirituel.

j'épande en toute humilité mon âme devant toi, que je t'adjure en toute confiance par tes saintes promesses, que je me tienne incessamment à ta porte, gémissant, pleurant et criant ; que j'affirme ne vouloir t'abandonner jamais, que tu ne m'aies donné ta bénédiction, et qu'ainsi je ravisse par violence le Royaume des cieux.

Et, ô Dieu, parce qu'en ce royaume il n'entre rien de souillé, ni d'immonde, sanctifie moi premièrement par la sainte inspiration de l'Esprit que je te demande. Sanctifie mon cœur, afin que selon ta promesse, étant net de cœur, je vois ta face. Sanctifie mes lèvres, afin que je puisse avec hardiesse prendre ton Nom et ton alliance en ma bouche. Sanctifie mes mains, afin que levant en tout lieu mes mains pures au ciel, je trouve grâce devant toi, et que j'obtienne ton assistance en toutes mes nécessités corporelles et spirituelles.

Au demeurant, Seigneur, quoi que j'obtienne, fais que ta grâce me suffise, et que je bénisse toujours ton saint Nom, n'ayant aucune volonté que l'accomplissement de la tienne. Et quoi qu'il me semble quelquefois que tu sois sourd à mes gémissements, fait que je ne me rebute point pour cela ; mais que m'humiliant devant toi, je me rappelle combien de fois j'ai été sourd à tes commandements, à tes promesses, à tes menaces, et encore peut-être à mes frères, quand ils m'ont demandé assistance en ton Nom ; et que je persévère avec tant plus de repentance et de dévotion à implorer compassion sur mon âme, jusqu'à ce qu'enfin ayant pitié de ma langueur, tu envoies ton feu du ciel sur mes oblations, et que tu réduises en cendres mon holocauste.

En quelqu'état que je me trouve, soit en joie, soit en douleur, fais-moi la grâce, ô Dieu, que ce glorieux entretien que pour l'amour de ton unique et par l'entremise de ton Esprit tu me donnes d'avoir avec toi, soit le plus fréquent de mes exercices, et le plus délicieux de mes contentements, jusqu'à ce qu'enfin, après avoir prié longtemps dans ce siècle, je te puisse contempler dans l'autre, où les désirs et les prières ne trouveront plus lieu, mais seulement les actions de grâces et les bénédictions éternelles, pour les biens incompréhensibles que tu m'auras faits pour l'amour de ton Fils Jésus.

A toi Père, à toi Fils, à toi Saint-Esprit, notre seul et vrai Dieu, soit honneur, force et magnificence, aux siècles des siècles.

Luc.11.1 : Seigneur, enseigne-nous à prier.

Psaume.51.17 : Seigneur ouvre mes lèvres, et ma bouche annoncera ta louange.

2

Prière pour le matin.

SEIGNEUR BON DIEU, tes bienfaits sont sur moi et si grands et en si grand nombre, que toutes les créatures m'accuseraient, que je ne pourrais que m'accuser moi-même d'une ingratitude trop détestable, si tous les jours à mon réveil je ne t'en faisais un très humble hommage du cœur et de la bouche, et si je ne te venais t'offrir de nouveau ce qui de toute éternité t'appartient par le bénéfice ineffable de ton élection.

C'est pour cela que je suis ici, prosterné devant toi mon Dieu, et particulièrement pour te remercier de ce que par ta providence tu m'as conservé durant la nuit passée, et durant les ténèbres m'as protégé, contre la malice et la puissance du prince des ténèbres ; garantissant mon corps de tous les accidents funestes, et mon esprit de toutes les appréhensions, inquiétudes, épouvantements et illusions, dont la faiblesse humaine peut être travaillée. Quantité d'autres gens çà et là en ont été peut-être tourmentés. Sans ta miséricorde j'en eusse été tourmenté pareillement, car de moi-même je ne vaux pas mieux qu'eux, je ne suis pas moins exposé à toutes sortes de misères, et je sais bien que ni les murailles, ni les portes, ni les rideaux dont j'étais enfermé n'étaient capables d'empêcher les approches de la tentation, les incursions de divers malheurs, et les assauts de la mort même, si tu eusses voulu leur permettre de m'aborder. Mais cependant que je dormais, tu as veillé sur moi ; et me tenant comme ton enfant en ton sein, tu as avec un soin singulier et avec une main vraiment paternelle chassé bien loin de moi tout ce qui pouvait fâcher et troubler mon repos.

En reconnaissance de cette grâce, je te consacre, ô Dieu, non seulement les prémices de cette journée, mais la journée tout entière, et non celle-ci seulement, mais toutes celles de ma vie, et mon corps et mon âme, et tout ce que je puis, et tout ce que je suis ; je te conjure par ce propre amour dont tu m'aimes de continuer toujours ce bénéfice de ta protection. Toi qui m'as gardé durant les ténèbres et les as fait servir à mon soulagement, conduis-moi moi aussi durant la lumière, et me la rends utile pour ton service. Fais que la recevant comme de ta main je l'emploie à la fin pour laquelle tu me la donnes, et que je m'en serve non comme mondain aux vaines occupations, ou aux récréations vicieuses de la chair et du monde, mais comme vrai chrétien et enfant de lumière à contempler les merveilles de tes ouvrages, à y admirer ta sagesse et ta bonté infinie, à travailler avec diligence, avec fidélité et avec bonne conscience à la vocation à laquelle tu m'as appelé, et principalement à vaquer de tout mon cœur, et de toutes mes forces à tous les exercices, tant de piété, que de charité que tu requiers de moi en ta parole.

Pour cet effet, ô Père de lumière, fais luire en mon entendement la lumière de ton Esprit, qui dissipant tous les nuages d'ignorance, et tous les scrupules d'incrédulité qu'il pourrait avoir, l'illumine en l'intelligence, et l'affermisse en la foi, tant de ta vérité, que de ta volonté. Par cette divine clarté conduis-moi en tes sentiers, délivre-moi de tous mes doutes, conseille-moi en toutes mes perplexités, et me donne en toutes occasions de reconnaître ce qu'il est besoin que je fasse pour te rendre ma vie agréable. Découvre-moi par elle l'horreur du vice, les précipices du péché, les embûches de l'esprit malin, et tous les dangers de la voie large qui mène à perdition les mondains.

Aussi je te prie, ô bon Dieu, que comme le soleil que tu fais lever sur notre horizon, ne nous éclaire pas seulement, mais nous anime et nous échauffe tout ensemble, tu veuilles par ton Saint-Esprit non seulement éclairer mon entendement, mais échauffer ma volonté, embraser toutes mes affections et mes capacités du feu de ton amour, et du zèle de ton service ; afin qu'autant que jusqu'ici je me suis montré lâche, autant à l'avenir je me montre ardent à tout ce qui regarde l'exécution de ta volonté, et l'avancement de ta gloire.

Comme je ne vis que par toi, que je ne vive aussi que pour toi ; que ce soit là ma visée principale, et le contentement unique de mon cœur ; que ni les mauvais exemples, ni les suggestions vicieuses des compagnies parmi lesquelles je suis obligé de converser, n'attiédissent mon ardeur, ni intéressent tant soit peu la pureté de mes intentions. Mais qu'autant qu'il se peut je demeure toujours immaculé et irrépréhensible devant ta face.

Mon Dieu et mon Sauveur, si les mérites de ton Fils, si son sang précieux répandu pour moi à la croix, si les prières que je te présente en son nom, si les soupirs et les gémissements que ton Esprit engendre dans mon cœur ont quelque efficace envers toi, je te demande pour tout bien et pour toute félicité une seule faveur, c'est que vivant toujours comme en ta présence, sobrement, justement, religieusement, je sois toujours agréable à tes yeux, en édification à mes frères, en joie à tes anges et en confusion à tes ennemis et qu'au demeurant ton Esprit me conduisant comme par la main en toutes mes affaires, en tous mes desseins, m'en donne un succès aussi favorable que ta gloire et mon salut le requièrent ; jusqu'à ce que tu me retires de cette commune lumière dont je jouis ici-bas, à la lumière de ta gloire, où te contemplant face à face, et étant fait semblable à toi, je te connaîtrai, t'aimerai et te bénirai parfaitement avec tes anges et tes saints.

3

Autre prière brève pour le matin.

SEIGNEUR BON DIEU, qui fais lever ton soleil sur mon corps, et le réveilles du sommeil de nature pour l'exciter à son travail, fais la même grâce à mon âme pour l'amour de ton Fils unique. Fais lever ton Esprit sur elle, et la réveille de l'assoupissement du péché, pour l'exciter à ton service. Ouvre ses yeux afin qu'elle ne dorme pas d'un sommeil de mort ; comme elle a soin de revêtir son corps, fais qu'elle l'ait surtout de se revêtir elle-même des ornements qui te sont agréables, de piété, de charité, et de tempérance. Conduis-la en toutes ses voies, afin qu'elle ne se détourne pas après ses convoitises. Soutiens-la par ta main puissante, afin qu'elle ne trébuche pas au péché, et du péché en la damnation. Donne-lui la crainte de ton saint Nom pour garde salutaire contre la contagion des mondains. Sois toi-même, ô Dieu, et son soleil, et son vêtement, et son guide, et son soutien, et son rempart, et son tout. Sois tout à elle, et fais qu'elle soit toute à toi, que toutes ses puissances ne se meuvent que pour ta gloire, que ce corps qu'elle anime ne lui serve qu'à te servir, que ce soit là le but unique et l'unique contentement, tant de l'un que de l'autre. Prends, ô Père de grâce, l'un et l'autre en ta sauvegarde, préserve-les de tout malheur, et couronne-les de tes saintes bénédictions, afin que longuement ils te puissent servir sur terre, pour éternellement te glorifier dans le ciel.

Psaume.3.6 :

Je me suis couché et me suis endormi, je me suis réveillé,
    Car l'Éternel me soutient.

Psaume.5.3-4 ; 7,8,12 :

3 Éternel ! dès le matin daigne entendre ma voix ;
    Dès le matin je place devant toi ma requête, et j'attends.
4 Car tu n'es pas un Dieu qui prenne plaisir au mal ;
    Le méchant n'est pas l'hôte que tu accueilles,
    L'Éternel a en abomination l'homme de sang et de fraude.
7 Et moi, dans l'abondance de ta faveur, j'entrerai dans ta maison,
    Je me prosternerai devant le palais de ta sainteté avec la crainte qui t'appartient.
8 Éternel, conduis-moi par ta justice, à cause de ceux qui m'épient ;
    Aplanis ta voie devant moi !
12 Car tu béniras le juste, ô Éternel !
    Tu l'environneras de bienveillance comme d'un bouclier.

4

Prière pour le soir.

SEIGNEUR MON DIEU, de qui la providence veille continuellement pour moi, faisant que le soleil se lève pour éclairer à mon travail, et qu'il se couche pour donner lieu à mon repos, je te rends grâces de tout mon cœur de ce que durant la journée passée tu m'as favorisé de ton assistance, et de ce que tu m'as témoigné par ma conservation ton amour.

Si méconnaissant une telle grâce je t'ai offensé, soit en pensée, soit en parole, soit en œuvre, me voici qui plein de douleur et de repentance de l'avoir fait, t'en demande pardon au nom de ton Fils bien-aimé. En sa considération veuille couvrir de ta miséricorde tous les péchés auxquels je puisse être tombé, et aujourd'hui, et tous les autres jours de ma vie, et donner à l'avenir la conduite de ton Esprit, qui demeurant dedans mon cœur, le formant de jour en jour à ton image, réprimant tous mes vicieux mouvements, et me sollicitant continuellement à bien faire, me donne la vertu de te servir plus purement et plus dévotieusement que je n'ai fait jusqu'à cette heure.

Et puisqu'il t'a plu m'amener jusqu'à la nuit présente, qu'il te plaise m'y continuer la même grâce que tu m'as faite durant le jour, comme celui qui souverainement préside tant sur le jour que sur la nuit. Veille sur moi cependant que je dormirai. Campe alentour de moi des anges de lumière contre les efforts et les embûches du prince des ténèbres, et détourne de ma personne tous les inconvénients et les malheurs qui durant les ténèbres pendent sur la tête des pauvres mortels. Tu sais bien que pour moi je ne puis les prévoir, si tu ne me les découvres, ni les voyant y pourvoir, si tu n'y mets la main. Mais toi, grand Dieu, à qui les plus épaisses ténèbres sont une très claire lumière, et de qui la puissance est égale à la connaissance, tu prévois très parfaitement, et tu pourvois très puissamment en faveur de ceux que tu aimes.

Je suis de ce nombre, ô bon Dieu, et les souvenirs de tant et de tant de grâces que tu me fais, ne me permettent point d'en douter. Sur cette confiance je te recommande et mon corps et mon âme à ta protection. Donne à mon corps le repos et le soulagement qui lui est nécessaire, afin que ses forces épuisées du travail du jour, étant recréées par le sommeil de la nuit, il se relève tant plus fort et tant plus allègre pour pouvoir suffire aux travaux de ma vocation, et être un instrument utile pour ta gloire. Mais surtout donne à mon esprit son vrai repos en l'assurance de ton amour. Si la lumière du soleil est ôtée à mes yeux, que celle de ton saint Esprit ne le soit point pourtant à mon âme. Darde toujours sur elle les salutaires rayons de ta grâce. Garantis-la de toute frayeur et épouvantement, de toute illusion et tromperie, et principalement de toute imagination de péché. Fais que comme mon corps ferme ses yeux aux choses du monde, mon âme aussi ferme les siens à ses folies et à ses vanités. Et comme il dépouille ses vêtements, qu'elle dépouille aussi ses vices, mais à dessein de ne les reprendre jamais. Donne-moi surtout, cette grâce, que si je veille, ce soit pour te prier seulement et par saints mouvements élever mon âme vers toi. Mais qu'étant seul dans mon lit, je ne m'en entretienne qu'avec toi seul, appliquant mon esprit non aux objets de vanité que je puisse avoir vus de jour, mais aux mystères de ta sagesse, que tu nous montres et de jour et de nuit ; non aux imaginations frivoles d'un esprit oisif, mais aux méditations salutaires d'une âme fidèle ; non aux moyens d'exécuter mes passions, et d'assouvir mes convoitises, mais aux moyens de plaire à tes yeux, et d'avancer ta gloire.

Ne permets point que je jouisse tellement du repos de ce corps, que je m'endorme en une sécurité sensuelle, mais fais qu'étant étendu dans mon lit je pense à l'heure que je dois être étendu dans le sépulcre, afin que ce soit une occasion ordinaire de me préparer par une sainte vie à une mort heureuse, après laquelle je puisse être admis selon tes promesses et mes espérances à la participation du repos éternel, dans le sein de ton Fils unique notre Seigneur Jésus.

5

Autre prière brève pour le soir.

Ô Dieu de mon salut, qui m'a gardé de jour, garde-moi encore de nuit. Pardonne-moi par ta miséricorde tous mes péchés du jour et de la nuit, et quoi que pour avoir par trop communiqué aux œuvres des ténèbres, j'ai bien mérité d'être laissé en proie au prince des ténèbres, ne me laisse point pourtant, ô bon Dieu. Ne permets point que ce malin esprit ait aucune puissance sur moi ; mais fais que tes saints anges fassent la garde autour de ma personne, ou plutôt toi-même retire moi dans le sein de ta grâce, que ta main gauche soit sur ma tête, et que ta main droite m'embrasse. Que les tentations du malin ne puisse aborder mon âme, ni aucun accident sinistre s'approcher de ma chair pour troubler mon sommeil, ou pour le polluer. Donne-moi, ô Père, pour l'amour de ton bien-aimé, que cette nuit je me repose sous ta grâce, que le matin venant, je me réveille pour ta gloire, que toute ma vie je me consacre à l'illustration de ta gloire, et à la célébration de ta grâce, et que je puisse finalement, selon la vérité de tes saintes promesses, jouir de ton repos céleste, où tout plein de grâce et de gloire je te magnifierai aux siècles des siècles, avec tous les esprits bienheureux.

Psa.4.8 :

Je me coucherai en paix et m'endormirai aussitôt,
    Car, dans ma solitude, ô Éternel, tu me fais habiter en assurance.

Psa.121.4-8 :

4 Non, il ne sommeillera pas et ne dormira pas,
    Celui qui garde Israël.
5 L'Éternel est celui qui te garde ;
    L'Éternel est ton ombre ; il est à ta main droite.
6 De jour, le soleil ne te frappera point,
    Ni la lune de nuit.
7 L'Éternel te gardera de tout mal,
    Il gardera ton âme.
8 L'Éternel gardera ta sortie et ton entrée
    Dès maintenant et à jamais.

6

*Prière et méditation du fidèle
quand il se réveille de nuit.*

Seigneur bon Dieu, puisque telle est ta volonté que je sois ici seul et dans mon lit, hors de la vue du monde et séparé de la compagnie des hommes, afin que ne voyant et n'entendant rien que toi, je m'entretienne avec toi seul, veuille agréer qu'admis à l'honneur d'un si salutaire entretien (encore que je ne sois que poudre et cendre) j'use du privilège que tu me donnes, et que j'étale en ta présence les pensées, les désirs et les affections que me suggère la méditation de tes grâces.

En cette méditation solitaire, mon Dieu, je me regarde et te regarde aussi avec les yeux de mon esprit et par la lumière du tien. Je me vois tout plein de misères, et en demeure tout confus ; mais je te vois tout plein de miséricorde, et en demeure tout consolé ; voire d'autant plus consolé par l'assurance de ton amour que je me trouve plus confus par la honte de mes péchés. Car quand je considère que c'est pour ton service que tu m'as mis au monde, et que tu m'as donné et ce corps et cette âme pour les consacrer à l'exaltation de ta gloire, et que venant à repasser les yeux sur les années déjà écoulées de ma vie, je vois qu'au lieu d'avoir pour visée cette gloire, et ce service pour occupation ordinaire, ce fut là l'un des moins affectionnés de tous mes desseins, et l'un des moins fréquents de tous mes exercices, que j'ai donné à la chair et au monde toutes les heures de ma vie, ou si je t'en ai réservé quelqu'une, la portion est si petite, qu'elle n'est nullement considérable devant tes yeux. Je dis tout honteux en moi-même : Hé ! que dira mon Dieu de moi ? que j'ai si peu d'amour envers lui, si peu de soin de lui plaire, si peu de zèle à son service, et que tant de biens qu'il m'a faits ne lui puissent acquérir mon cœur et mes affections ? Alors j'appréhende ton courroux, et tout ce qu'il y a de plus formidable, quand une fois il s'enflamme contre les pécheurs.

Mais d'autre part je me représente que ta bonté est encore plus grande que mes péchés, et que tu n'es jamais si sévère à nos fautes, que tu ne sois encore plus propice à nos larmes. Le sang de Jésus-Christ ton Fils répandu pour moi en la croix, les promesses consolantes de ta parole, les exemples de ta clémence envers tant de pécheurs que tu as reçus à merci, le saint baptême que j'ai reçu en ton Église en assurance du pardon de mes fautes, la communion de ta sainte table, à laquelle tu m'as admis, et tant de témoignages que j'ai reçus de ton support et de ta charité envers moi me reviennent à la mémoire, et me font espérer que tu seras encore ci-après envers moi le même que tu as été jusqu'à maintenant. Combien de fois, mon Dieu, depuis que je suis en ce monde t'ai-je offensé, soit le jour, soit la nuit ? Et néanmoins combien doucement as-tu fait couler mes jours et mes nuits, répandant et sur mon travail et sur mon repos des bénédictions que je n'eusse pu mériter quand j'eusse été le plus entier, le plus ardent et le plus constant du monde à ton service. N'en n'est-ce pas une très grande que couvrant de ton indulgence tous mes péchés, comme tu couvres maintenant toutes choses du voile de la nuit, tu me daignes continuer nonobstant mon indignité, ta bénignité ordinaire, et après m'avoir fait passer si heureusement la journée, me donne encore de passer si paisiblement cette nuit ?

Dieu de mon cœur, auteur unique de ma joie et de ma consolation, de quels remerciements, de quelles offrandes, de quels témoignages de piété reconnaîtrai-je ta bonté envers moi ? Et de quelles paroles, et de quels regrets, de quelles larmes déplorerai-je mon malheur, ou détesterai-je mon ingratitude, d'avoir si mal reconnu tes bienfaits jusqu'à maintenant ? Hélas mon Dieu, combien y a-t-il à cette heure même de pauvres pécheurs, qui ne valent pas moins que moi, et ne sont pas plus indignes de ta clémence, qui cependant non pas ce bien dont tu me fais jouir ? Combien y a-t-il de pauvres voyageurs perdu parmi les champs, agités sur la mer et exposés aux pirates et aux voleurs, cependant que je suis chez moi en toute sûreté ? Combien y a-t-il de prisonniers misérables gémissant sous leurs fers, et croupissants en d'étroits cachots parmi l'ordure et la puanteur, cependant que je prends mon aise en toute liberté dans ma maison et sur ma couche ? Combien y a-t-il de personnes nécessiteuses, à qui la faim et la disette extrême empêche le repos ; cependant que je prends le mien après m'être rassasié, non seulement à suffisance, mais avec délices ? Combien connais-tu de pauvres malades qui à cette heure même sont agités de mille inquiétudes, tourmentés de mille douleurs, angoissés jusqu'à la mort ; cependant qu'en pleine santé je jouis d'un doux et paisible sommeil ? Combien y a-t-il de pauvres fidèles persécutés pour la querelle de ton Nom, qui ne pouvant entendre ta parole de jour l'entendent de nuit, et en très grand danger, ou qui ne la pouvant entendre ni de jour ni de nuit, en gémissent amèrement sur leur lit, ou qui sont même entre les mains sanglantes des tyrans, où ils n'attendent d'heure en heure, que d'être remis en celles des bourreaux ; cependant que je me repose la nuit en toute assurance, après avoir entendu ta parole de jour en toute liberté, et me repose d'autant plus doucement que je me promets encore de l'entendre demain, et de me consoler en elle ?

Ô Père de miséricorde, comme tu te fais sentir tel à moi par un si grand et si constant support, fais qu'ils te sentent aussi ; et n'aie point égard à leurs fautes, mais selon tes grandes miséricordes exauce leurs gémissements, soulage-les en leur personne, console-les en leur esprit, garantis-les de tout danger, et les adresse tellement en tout leurs desseins, et en toutes leurs affaires qu'ils y reconnaissent évidemment ta sainte providence, l'adorent avec zèle, dépendent totalement d'elle en leur vocation, et jouissant des mêmes biens que moi, t'en fassent les mêmes reconnaissances. Fais que moi et les autres recevant à tous les moments du jour et de la nuit tant de témoignages de ta bienveillance, nous nous en montrions dorénavant plus reconnaissants que nous n'avons fait jusqu'à cette heure, te consacrant et nos corps et nos âmes, et te glorifiant en cette vie temporelle, jusqu'à ce que tu nous glorifies en l'éternelle selon tes promesses et nos espérances. Ainsi soit il.

Psa.63.6.7

6 Lorsqu'il me souvient de toi sur ma couche,
Je médite sur toi pendant les veilles de la nuit ;
7 Car tu as été mon secours,
Et je suis dans l'allégresse à l'ombre de tes ailes.

Psa.16.7-9

7 Je bénirai l'Éternel, qui a été mon conseil ;
   Les nuits même, mes reins m'incitent à le faire.
8 Je me suis toujours proposé l'Éternel devant moi ;
   Parce qu'il est à ma droite, je ne serai point ébranlé.
9 C'est pourquoi, mon cœur s'est réjoui, et mon âme tressaille de joie ;
   Même ma chair reposera en assurance.

Psa.135.1-18

1 Éternel, tu m'as sondé et tu m'as connu.
2 Que je sois assis ou debout, tu en as connaissance ;
   Tu découvres de loin ma pensée,
3 Tu me vois marcher et me reposer
   Et tu as une parfaite connaissance de toutes mes voies.
4 Car la parole n'est pas sur ma langue,
   Que voici, Éternel, tu connais déjà tout.
5 Devant, derrière, tu m'enserres,
   Et tu mets ta main sur moi…
6 Science trop merveilleuse pour moi !
   Et si élevée que je ne puis y atteindre.

7 Où irais-je loin de ton Esprit
   Et où fuirais-je loin de ta face ?
8 Si je monte aux cieux, tu y es ;
   Si je me couche au sépulcre, t'y voilà.
9 Si je prends les ailes de l'aube du jour
   Et que j'aille habiter à l'extrémité de la mer,
10 Là même ta main me conduira
   Et ta droite me saisira.
11 Si je dis : Qu'il n'y ait que ténèbres autour de moi,
   Et que la clarté qui m'entoure se change en nuit,
12 Les ténèbres mêmes ne sont plus ténèbres devant toi,
   Et la nuit resplendit comme le jour ;

  Ténèbres ou lumière, c'est tout un.
13 Car c'est toi qui as formé mes reins,
  Qui m'as tissé dans le sein de ma mère.
14 Je te loue de ce que j'ai été fait
  D'une manière étonnante et merveilleuse ;
15 Merveilleuses sont tes œuvres !
  Mon âme ne se lasse pas de le reconnaître.
16 Quand j'étais là en germe, tes yeux me voyaient,
  Et sur ton livre ils étaient tous inscrits,
Les jours qui m'étaient destinés,
  Avant qu'aucun d'eux existât.
17 Que tes pensées, ô Dieu, me sont précieuses,
  Que le nombre en est grand !
18 Veux-je les compter ? Elles sont plus nombreuses que le sable.
  Quand je m'éveille, je suis encore avec toi !

7

Prière et méditation avant la communion de la sainte-cène.

DONC, MON DIEU, après tant de faveurs dont tu m'as comblé jusqu'à cette heure, tu me daignes encore convoquer à m'asseoir à ta table, à communiquer aux délices de ton festin. Ah ! que n'ai-je à cette heure ou la pureté de tes anges, le zèle de tes prophètes, la charité de tes apôtres, l'ardeur et la constance de tes martyrs, ou pour le moins la foi du brigand converti, l'humilité du péager et les larmes de la pécheresse. Avec ces ornements nuptiaux je me présenterais hardiment devant toi, et n'aurais ni crainte ni honte de me ranger avec ces esprits bienheureux pour avoir part à leurs contentements, et aux délices admirables de ta maison.

Mais, hélas ! étant tel que je suis, nu de toute vertu, et couvert de tout vice, à quoi me résoudrai-je, ô mon Dieu ? Car si je pense me présenter à ce divin et glorieux banquet, de quoi comblerai-je ma honte ? Ou ne la couvrant point que pourrai-je attendre, sinon le traitement de celui qui s'étant trouvé au banquet sans robe nuptiale, fut jeté pieds et poings liés aux ténèbres extérieures, où il y a pleur et grincement de dents ? Si au contraire, je recule en arrière, de quoi excuserai-je mon ingratitude ? Ou ne la pouvant excuser, comment m'exempterai-je de la peine de ceux qui refusèrent de venir au banquet que tu leur avais préparé, et dont tu juras dans ta colère qu'ils n'entreraient jamais en ton banquet ? Mon Dieu, en cette perplexité secours-moi, et me rends digne de ce magnifique festin. Comme tu me convies par ta bonté, prépare-moi aussi par ta sagesse. Prépare-moi à m'y présenter dignement par une épreuve sérieuse de l'état de ma conscience, de tous les déportements de ma vie, et de tout l'emploi que j'ai fait de tant de biens que j'ai reçus de ta main libérale.

Hélas ! Seigneur, à quoi puis-je dire avoir employé l'entendement que tu m'avais donné, cette puissance si admirable par laquelle tu m'avais rendu capable de ta connaissance, compagnon de tes anges, et relevé en excellence par-dessus tout le reste de l'univers. C'était là ma plus grande gloire, parce que c'était là la principale partie de ton image. Et néanmoins, combien ai-je été nonchalant à le former et l'instruire aux choses divines, aux secrets de ta vérité, aux préceptes de piété, aux œuvres de ta charité, et en un mot en tout ce qui était nécessaire pour me sauver ? Et combien au contraire me suis-je montré curieux à lui apprendre ce qu'il lui était meilleur d'ignorer, les vanités du monde, ses ruses, ses corruptions et ses méchancetés ; en un mot, les moyens de me perdre, et de me damner. Ce que tu m'as donné non seulement cette raison commune à tous les hommes, mais beaucoup plus de connaissances, de jugement et de vivacité d'esprit, qu'à plusieurs simples et idiots, à quoi m'a-t-il servi la plus grande part du temps, sinon à inventer, ou à faire plus de mal qu'eux et à me rendre par conséquent plus digne de ta juste indignation ? Hélas ! misérable que je suis, inventif à mon mal, ingénieux à ma propre misère, ce qui était de plus sublime en moi est ce qui aujourd'hui me ravale plus bas. Ma raison est ce qui me rend plus misérable que les animaux sans raison, parce que j'ai été pire qu'eux, abusant de cet avantage que tu m'avais donné sur eux. Et ce que j'ai été plus capable que ne sont les plus simples, est ce qui me rend aussi plus coupable, ma méconnaissance étant justement mesurée par ma connaissance.

Que ci-après l'entendement je veux aussi examiner l'emploi que j'ai fait de ma volonté, en quelle façon ai-je ménagé cette puissance si puissante, si prompte, si vive et si libre en tous ses mouvements ? En quelle façon est-ce qu'elle a usé de cette liberté ? En quelle façon n'en a-t-elle point abusé ? Car quels ont été les objets après lesquels elle a couru plus ardemment, plus éperdument, plus obstinément ? Vaine gloire, gain déshonnête, plaisir vicieux, le diable, la chair et le monde. Quant aux choses de ton royaume, de ta justice, de ta grâce et de mon salut, non seulement elle ne les a point recherchées, mais pire, quand de ta pure grâce tu les lui as, ou par les remontrances publiques de tes serviteurs, ou par les mouvements secrets de ton Esprit, volontairement présentées, elle les a ou rejetées si fièrement, ou acceptées si froidement, qu'il m'eût mille fois mieux valu de n'avoir jamais eu faculté ni puissance qui fût capable de t'aimer, puisque l'ayant eue je ne m'en suis servi ordinairement que pour t'offenser.

Et ma mémoire, quoi ! ma mémoire qui devait être jour et nuit occupée à me représenter tes commandements avec tes promesses pour me ranger à ton obéissance, tes grâces et tes faveurs pour m'exciter à une dévote reconnaissance, tes menaces et tes jugements pour m'humilier sous ta puissance, les merveilles de toutes œuvres pour me faire adorer avec ravissement ton incomparable sagesse. Elle a enseveli tout cela dans un oubli profond, et ne m'a rien rappelé d'ordinaire que les défauts de mes frères pour m'en moquer, leurs injures pour me venger, leurs mauvais exemples pour les suivre, les vanités du monde pour y attacher mes désirs, toutes choses enfin, ou pour en aigrir mon esprit, ou pour le corrompre tantôt par un amour vicieux, tantôt par une haine damnable.

Quant à mon corps, tous ses membres, qui devaient être des instruments de justice en ta main, je les ai appliqués pour servir à souillure, et pour commettre l'iniquité. Et tous mes sens, qui me devaient être autant de moyens pour recevoir ta grâce en moi, ont été autant de fenêtres que j'ai ouvertes aux tentations du diable, et à toutes les malices spirituelles qui ont voulu ravager mon âme. Ainsi j'ai employé contre toi, et ce corps et cette âme que j'avais reçus de toi-même ; ainsi j'ai abusé de tous tes bienfaits contre ta gloire et mon propre salut.

J'ai été en vérité tout de suite après ma naissance baptisé en ton Nom. Mais quand j'ai été en âge de ressentir l'effet de tes promesses, et de ce sacrement en satisfaisant aux conditions auxquelles j'étais obligé par la teneur de ton alliance, à savoir de me dépouiller de l'amour de moi-même, des affections de la chair, et des vanités de ce monde, je n'en ai tenu compte ; mais j'ai mieux aimé renoncer à ta grâce, qu'à ma convoitise. J'ai souvent entendu ta parole, mais comme un auditeur oiseux, par manière d'acquit, non par vraie dévotion, ou bien pour chatouiller mes sens, et non pour réformer ma vie, comme si j'eusse entendu non la Parole de mon salut, mais une chanson d'amourettes, et je ne m'en suis pas plus amendé que ceux auxquels elle n'a point été prêchée.

J'ai même plusieurs fois reçu ce sacrement du corps et du sang de ton Fils, mais avec une âme mal préparée, et sans aucun véritable sentiment de la grandeur de ta colère sur mes péchés, et de ta grâce en Jésus-Christ. Pourtant pour avoir pollué d'une main profane tes saints mystères, j'ai reçu plutôt ma condamnation que les gages de mon salut.

Quant aux biens temporels quelque traitement que tu m'aies fait j'ai toujours été semblable à moi-même, autant indomptable à tes fléaux qu'ingrat à tes gratuités. Car m'as-tu envoyé des prospérités ? Quand je me suis vu engraissé, j'ai levé le talon à l'encontre de toi. M'as-tu fait ressentir tes verges. J'ai regimbé comme le cheval et la mule, qui n'ont aucune intelligence. Tes biens m'ont fait enfler d'orgueil, et mes maux d'autre part m'ont fait éclater en blasphème.

Enfin, et mon corps, et mon âme, et mes pensées, et mes paroles, et mes œuvres et mes joies, et mes douleurs, et tout ce qui est moi, ou de moi, n'a été, et n'est encore que folie, que vanité, que sensualité, que souillure, que malice et inimitié contre toi. Ma conscience m'en accuse, et mes iniquités sont continuellement devant moi pour me condamner. Mais toi, ô Éternel, n'entre point en compte avec ton serviteur ; mais selon tes grandes compassions aie pitié de moi. Ne regarde point à mes fautes, car si tu prends garde aux iniquités, qui est-ce qui subsistera ? Ou si tu les regardes, que ce soit non en ta colère pour me haïr et me perdre, mais en ta grâce pour en prendre pitié, et octroyer le remède. Oui, Seigneur, regarde-les plutôt. Vois mes plaies, et les soigne comme le médecin unique de mon âme, et les guéris par ta sagesse, et par ta vertu souveraine. Fais que moi-même je les regarde attentivement, que je les considère exactement, et que je les sonde profondément, afin que remarquant la turpitude de ma vie, et la multitude de mes péchés, je m'humilie devant ta face ; que devant ton autel je frappe à bon escient ma poitrine, que je pleure amèrement à tes pieds, que je me déteste moi-même, que je me fuis moi-même, que je renonce complètement à moi-même, que je crucifie ma chair avec toutes ses convoitises, ses infections, et ses volontés, prenant pour l'avenir cette ferme résolution de souffrir plutôt mille peines, mille tourments, mille morts, mille enfers, que de continuer un état si déplorable pour mon âme, et si détestable à tes yeux.

Toi, qui as fait mon cœur, engendre dedans lui cette puissante et vive repentance, afin que mécontent de t'avoir offensé, se déplaisant infiniment et en soi et au monde, il recoure à ta grâce de toute son affection. Et avec une pleine confiance se jette entre tes bras. Dieu de mon cœur, quand je m'y jette, veuille me recevoir, trouver agréable ma repentance, et mes gémissements, me pardonner tous mes péchés passés, tous mes défauts présents, et toutes mes infirmités futures, pour l'amour de ton Fils unique. Aie égard à l'obéissance qu'il t'a rendue pour l'expiation entière de toutes mes rebellions. Aie égard à tant de peine, d'angoisse et de tourments qu'il a soufferts pour me racheter du supplice que j'avais mérité de souffrir en enfer. Aie égard surtout à cette précieuse et inestimable victime, qu'il t'a premièrement offerte sur l'autel de la croix, et qu'il te présente là-haut continuellement pour l'affermissement de chacun des croyants en la foi, et en ton amour, et pour la consommation entière de son salut.

Tu sais, ô Dieu, que je suis de ce nombre, quoiqu'avec beaucoup de défauts et de faiblesses. Je crois, Seigneur, je crois que ton cher Fils est le Sauveur unique de mon âme et qu'il n'y a aucun autre nom sous le ciel par lequel je puisse être sauvé. Mais si la confiance particulière que j'ai d'être sauvé par lui, est de temps à autre assaillie de diverses tentations, toi qui par ton Esprit soulage toutes nos faiblesses, soulage en cette occasion la mienne. Je crois, Seigneur, mais subviens à mon incrédulité. Éternelle miséricorde, aie pitié de ma misère. Père de grâce exerce ta grâce envers moi, non pour mes mérites, car je n'en ai point, et en eussé-je d'infinis, ils seraient plus qu'effacés par l'infinité de mes démérites ; mais pour ton alliance et les mérites infinis de ton Fils.

Illumine, console, fortifie mon âme par l'efficace de ta parole, par l'aide de tes sacrements, par l'attestation intérieure de ton Esprit, en la connaissance, en ma croyance, en l'assurance certaine de cette direction ineffable que tu lui portes en ton unique. Fais que pour cela j'étudie avec vigilance, avec dévotion, avec zèle, et ce qui est le principal avec ta bénédiction tes saintes Écritures ; afin qu'elles me rendent certain de cette grâce, sage à salut, et parfaitement instruit à toute bonne œuvre. Que j'écoute avec révérence et avec docilité ta parole retentissant dans la bouche de tes ministres, et cependant qu'ils exposent ses mystères célestes, que mon cœur s'embrase au-dedans de moi du feu de ton amour, du zèle à ton service, et du désir de tes biens immortels. Que je contemple assidûment la passion et la mort de ton Fils, comme si je voyais sa croix dressée et plantée devant mes yeux, ses plaies encore ouvertes, et son sang précieux coulant de tout son corps sur la terre. Qu'embrassant cette croix par une vive foi, et pas une ardente dévotion, je reçoive ce sang sur mon âme pour en être lavé et nettoyé de toutes mes ordures. Que je ne m'éloigne jamais d'un si consolant et salutaire objet, mais que j'y demeure inséparablement attaché surtout en l'action à laquelle tu me convies. Que je voie, que je sente, que je touche et reçoive sur cette sainte table tous les trésors de ta clémence, tous les mérites de ton Fils, toutes les consolations de ton Saint-Esprit, qui sont déployées pour moi. Que la chair et le sang de mon unique Rédempteur soit la nourriture et le breuvage unique de mon âme ; que ce soit là ma restauration et ma souveraine médecine. Que ce soit là toute ma consolation et ma vie.

Et parce que, ô Dieu, tant que nous avons quelque chose contre nos frères, nous ne saurions avoir accès à ton autel, ni t'apporter oblation qui te soit agréable, parce que tu as de cette façon convenu avec nous, de nous pardonner nos offenses, mais à condition que nous leur pardonnions les leurs : Arrache de mon cœur toute malveillance, toute colère et tout appétit de vengeance, que je pourrais avoir conçu contre eux pour quelque occasion que ce soit. Si quelqu'un de mes frères m'a offensé, fait qu'à cause de toi je lui pardonne de tout mon cœur, et toi-même, ô bon Dieu, ne lui impute point son péché. Si je tiens tort de lui, fais-le moi connaître, afin que je lui en demande pardon, et me réconcilie avec lui. Si au contraire je suis innocent envers lui, fais lui reconnaître son tort, afin que le reconnaissant, il recoure à ta grâce, que se repentant du passé, il se corrige pour l'avenir, et que nous puissions vivre ensemble comment enfants de même famille, voire comme membres de même corps, en bonne amitié et concorde. Fais que quelqu'ennemi que j'aie, et quelque chose qu'il me fasse, je l'aime, le bénisse, et procure de tout mon cœur son bien et son salut, comme tu nous as fait quand nous étions tes ennemis en nos entendements et en nos mauvaises œuvres.

Eloigne de mon cœur, de ma bouche, de toute ma vie, toute amertume, et colère, et récrimination, et médisance, et malice, et me donne la grâce d'être envers tous débonnaire et humble de cœur, plein de douceur et de compassion, un vrai agneau en ta présence, vrai disciple de mon bon Maître, aimant tous mes frères comme moi-même, condescendant à toutes leurs faiblesses, leur pardonnant comme tu m'as pardonné par Christ.

Ô Dieu de mon salut, donne-moi cette foi, donne-moi cette repentance, donne-moi cette charité, et envers toi et envers mes frères pour l'amour de toi. Et puis m'ayant revêtu de tous les ornements qui me peuvent rendre plaisant à tes yeux, ouvre-moi les portes de ta maison, donne-moi accès à ton saint banquet, et fais qu'en ce pain et ce vin, je reçoive les sacrés symboles du corps et du sang de ton Fils, les témoignages de mon élection, les gages de ta grâce, et les arrhes de mon héritage. Jusqu'à ce que ce grand Sauveur, qui est descendu pour moi aux enfers, qui des enfers est pour moi remonté au ciel, descende enfin du ciel, pour me tirer selon sa promesse et mon espérance, de la terre en son paradis.

8

Prière pour la communion de la sainte-cène.

SEIGNEUR JÉSUS, je te supplie par ta chair et par ton propre sang, et par ces entrailles de miséricorde qui t'ont ému jusqu'à prendre ma place en la croix, pour me donner place en ta gloire, que tu aies pitié de mon âme ; intercédant pour moi envers le Père, afin que par ton entremise je puisse avoir aussi libre accès à son trône que je l'ai à ta table. Fais, ô bénin Sauveur, que les signes sacrés que j'y prends me soient les gages de la vie éternelle, que tu m'as daigné acquérir par l'oblation de la chair et par l'effusion de ton sang. Comme je les mets en mon corps, mets en mon âme ton Esprit qui en chasse l'esprit immonde, la confiance de moi-même, la convoitise de la chair, la haine, la vengeance, et tout ce enfin qui déplaît à tes yeux. Fortifies-y au contraire l'amour du Père, la repentance de mes fautes, la foi en ton mérite, le sentiment de tes grâces, la charité envers mes frères, la patience en mes calamités, et l'espérance de tes biens immortels.

Comme cette nourriture matérielle se distribue à toutes les parties de mon corps, s'unit à ma substance, et ne s'en peut plus séparer, distribue de même ta grâce à toutes les puissances et à toutes les affections de mon âme. Incorpore-toi de telle façon avec elle, qu'il n'y ait dorénavant ni mort, ni vie, ni choses présentes, ni choses à venir, ni hauteur, ni profondeur, ni aucune autre créature qui me puisse séparer de toi. Que je n'ai désormais ni confiance qu'en ta mort, ni contentement qu'en ta grâce, que comme si mes veines n'étaient pleines que de ton sang, ni mes artères que de ton Esprit, elle ne poussent ni ne battent sinon pour ton service.

Comme toute ta vie n'a été qu'un pur effet de ta bonté envers moi, fais que toute la mienne ne soit qu'un témoignage de ma reconnaissance envers toi. Que je quitte tous autres soins pour m'adonner entièrement à te plaire et à te servir ; et enfin, que je t'aime comme tu m'as aimé ; étant prêt à toute heure à endurer la mort pour te glorifier, comme tu l'as endurée pour me sauver. Entre donc, ô mon doux Sauveur, entre par ton Esprit, mais pour jamais n'en plus sortir, dedans cette pauvre âme pour laquelle il t'a plu de mourir. Illumine-la par ta vérité, purifie-la par ta sainteté, console-la par ta bénignité ; et fais qu'autant que tu as eu pour elle de peine et de tourments en la croix de ta passion, autant elle ait par toi de consolation et de joie à la table de tes délices ; en attendant cette heureuse journée qu'elle sera portée sur les bras de tes anges en la gloire de ton paradis, où elle te verra face-à-face, te connaîtra parfaitement, te chérira uniquement, t'embrassera inséparablement, et selon ta promesse elle sera faite semblable à toi. Ainsi soit-il.

Psa.42.1-2

1 Comme une biche brame après les eaux courantes,
    Ainsi mon âme soupire après toi, ô Dieu !
2 Mon âme a soif de Dieu, du Dieu vivant.
    Oh ! quand irai-je me présenter devant la face de Dieu ?

Psa.63.1-5

1 O Dieu ! tu es mon Dieu, je te cherche au point du jour ;
    Mon âme a soif de toi, ma chair languit après toi,
    Dans cette terre aride, desséchée, sans eau.
2 Pour voir ta force et ta gloire,
    Ainsi que je t'ai contemplé dans le sanctuaire ;
3 Car ta grâce est meilleure que la vie ;
    Mes lèvres te loueront !

4 C'est ainsi que je te bénirai durant ma vie,
    J'élèverai mes mains en ton nom.
5 Mon âme est rassasiée comme de moelle et de graisse,
    Et, la jubilation sur les lèvres, ma bouche te célèbre.

Psa.65.1-4

1 Vers toi, ô Dieu, monte en silence dans Sion la louange ;
    A toi les vœux seront rendus.
2 Tu entends les prières :
    A toi viendra toute chair !
3 Les iniquités ont prévalu sur moi,
    Mais toi, tu fais la propitiation de nos transgressions.
4 Heureux celui que tu choisis et que tu fais approcher de toi,
    Pour qu'il habite en tes parvis !
Nous serons rassasiés des biens de ta maison,
    Du sanctuaire de ton palais.

9

Action de grâce après la communion de la sainte-cène.

MON ÂME BÉNI L'ÉTERNEL, et tout ce qui est en moi béni le nom de sa sainteté. Mon âme béni l'Éternel, et n'oublie pas un de ses bienfaits. C'est lui qui te pardonne toutes tes iniquités. C'est lui qui guérit toutes tes infirmités. C'est lui qui garantit ta vie de la fosse. C'est lui qui te couronne de gratuité et de compassion. C'est lui qui pour renouveler ta jeunesse comme celle de l'aigle, rassasie ta bouche de biens ; non des caduques et terrestres, comme les enfants de ce monde, desquels le partage est dans cette vie, et desquels il remplit le ventre de ses provisions, mais des célestes et perdurables, du pain de ses enfants, et des délices plus exquises de sa maison. C'est lui qui a donné pour toi Jésus-Christ son Fils à la mort. C'est lui qui aujourd'hui par une charité sans pareille te l'a donné encore en nourriture et en breuvage.

Qui suis-je, ô bon Dieu, que tu me daignes traiter ainsi ? Et quels sont mes bienfaits qui t'aient pu induire à me faire un si grand honneur que de me faire asseoir à ta table pour y être nourri du pain de tes enfants, et de la propre chair de ton Fils unique, pour être fait un avec lui, et pour avoir enfin la vie éternelle par lui ? Hélas ! que suis-je en ta présence, qu'un très misérable pécheur ? Et quand je serais le plus parfait de tous les saints, de par qui le serais-je que de par toi ? Et au bout du compte que pourrait-il en être de ma sainteté au prix d'une si grande gratuité ? Mais, hélas ! Seigneur, au lieu de sainteté je n'ai rien que souillure en moi ; au lieu de reconnaître tant de grâces que tu m'as faites depuis que je suis en ce monde, je n'ai rien fait que t'offenser ; et quoique tu m'aies toujours si miséricordieusement supporté, je me suis toujours montré si ingrat et si obstiné, que si tu n'eusses regardé qu'à moi, je ne pouvais attendre que d'être rejeté de toi, et relégué comme un serviteur inutile aux ténèbres extérieures, où il y a pleur et grincement de dents.

Et néanmoins au lieu de cela, non seulement tu me continues ton support plus que paternel, me conviant à repentance par les richesses de ta bénignité et de ta longue attente, mais tu m'honores même des gages les plus précieux de ton amour, tu me fais un banquet dans ta maison, tu me fais goûter parmi les amertumes du monde les délices de ton paradis ; et bien que je sois encore parmi les pécheurs, et complice de leurs péchés, tu me fais déjà compagnon de tes anges, et me donne part à leur gloire.

Ô Dieu de mon salut, je te rends grâces immortelles d'un si grand bien, et te supplie de faire par la vertu de ton Esprit, que ce spirituel aliment dont aujourd'hui tu as repu mon âme, s'unisse et s'incorpore de telle façon avec elle, que par la communication efficace de toutes ses qualités et perfections, il la vivifie toute, qu'il la renouvelle toute à ta ressemblance, qu'il la transforme toute en soi-même ; que de charnel, de pécheur et mondain que j'ai été jusqu'à maintenant, je devienne tout spirituel, tout saint et tout céleste ; que dorénavant je ne respire plus que lui, que je ne me soucie plus sinon de sa grâce, que je ne parle plus sinon pour sa gloire, que je ne me conseille sinon par sa sagesse, et qu'en tous mes déportements je n'aie d'autre but que de faire sa volonté, et d'imiter ses saints exemples. En un mot, que je ne vive point maintenant pour moi mais que Christ vive en moi ; que ce que je vivrai désormais en la chair, je le vive en la foi de ton Fils, remettant à toute heure devant les yeux, comme il m'a aimé, comme il s'est livré soi-même pour moi, comme il a été fait malédiction en la croix pour m'acquérir ta bénédiction, comme il a racheté mon âme de la puissance de l'enfer, et comme enfin par son mérite il m'a ouvert le royaume des cieux. Que ce soit là ma pensée du jour, ma méditation de la nuit, la pâture de mon esprit en tout temps ; que toute autre nourriture au prix de celle-là me soit désagréable et amère, que je m'en sèvre tout à fait comme d'une chose non seulement morte, mais mortifère.

Que renonçant, non à l'injustice seulement, mais même à la justice de la chair et du monde, je cherche toute ma justice et le pardon de toutes mes injustices en ce seul Sauveur, qui m'a été fait de par toi justice, sagesse, sanctification et rédemption ; qu'en quelqu'état et en quelque condition que je sois, riche et pauvre, saint et malade, vivant et mourant, j'établisse en lui seul tout mon contentement, toute ma joie et tout mon bien ; qu'en reconnaissance d'un si grand amour qu'il m'a témoigné en sa vie, et encore plus en sa mort, je le serve et l'adore de tout mon cœur, que je chérisse en sa considération tous ses membres comme les miens propres, que je célèbre sa bonté durant toute ma vie, que je lui offre en sacrifice et mon corps et mon âme, prêt à souffrir la mort, voire mille morts, s'il est nécessaire pour le glorifier devant les hommes, comme il m'a justifié devant toi, ô Père. Fais-le, ô Père de grâce, pour l'amour de lui-même, afin que ta grâce abondant en moi, je sois fait propre à te servir et à magnifier ta louange entre les fils des hommes, jusqu'à ce qu'au ciel étant parfaitement uni à mon Sauveur je la magnifie éternellement avec tes saints anges.

Psaume.23

1 Psaume de David.

L'Éternel est mon berger ; je ne manque de rien.
2 Il me fait reposer dans des parcs herbeux,
    Il me mène le long des eaux tranquilles ;
3 Il restaure mon âme,
    Il me conduit par des sentiers unis,
    A cause de son nom.

4 Même quand je marcherais par la vallée de l'ombre de la mort,
    Je ne craindrais aucun mal, car tu es avec moi.
    Ta houlette et ton bâton, voilà ce qui me console.
5 Tu dresses la table devant moi à la vue de ceux qui me persécutent ;
    Tu oins ma tête d'huile,
    Ma coupe déborde.
6 Il n'y aura que biens et gratuités à mes côtés,

Tous les jours de ma vie,
Et j'habiterai dans la maison de l'Éternel
Pour une longue durée de jours.

Psa.36.7-9

7 Combien est précieuse ta bonté, ô Dieu !
Aussi les fils des hommes cherchent-ils leur refuge à l'ombre de tes ailes.
8 Ils se rassasient de la graisse de ta maison,
Et tu les abreuves au fleuve de tes délices ;
9 Car la source de la vie est auprès de toi,
Et c'est dans ta lumière que nous voyons la lumière.

10

Prière du fidèle en voyage.

SEIGNEUR BON DIEU, duquel les bienfaits sont sans nombre, et les compassions sans mesure, aie pitié de moi : et encore que je ne sois qu'un pauvre pécheur devant toi, traite-moi comme ton enfant, accepte la componction que j'ai de t'avoir offensé, pardonne-le moi par ta grâce, et reçois ma personne pour l'amour de ton Fils unique en ta sainte protection.

Comme autrefois par un amour, et une direction particulière tu as conduit tes serviteurs, Abraham, Isaac et Jacob en leurs pérégrinations, as retenu la rage de tous leurs ennemis, en toutes mauvaises rencontres, les as garantis de dommages, et parmi un million de dangers les as toujours amenés à bon port ; conduis-moi de même en ce voyage, faisant marcher tes saints anges à mes côtés, qui me conduisent en toute sûreté, comme jadis tu conduisis ton peuple parmi les déserts par la colonne de nuée et de feu. Garantis-moi de l'invasion des voleurs, et me préserve de toutes chutes et désastres mortels. Rends-moi enfin le ciel et la terre propice, afin que j'aie sujet de glorifier ton saint Nom. Que si je souffre quelque incommodité, comme il advient d'ordinaire en voyage, que ce soit un avertissement salutaire que je ne suis au monde que comme voyageur en une terre étrangère, et un vif aiguillon pour exciter en mon cœur le désir de cette cité permanente que tu as préparée pour la demeure éternelle de tes élus.

Donne-moi de faire rencontre de gens de bien et qui craignent ton Nom, afin que sans scandaliser personne, ni être scandalisé de personne je te puisse prier, servir et glorifier en leur compagnie. Fais-nous la grâce que soit par les chemins, soit quand nous serons arrivés, nous ne pensions pas seulement aux affaires particulières pour lesquelles nous faisons voyage, mais surtout à toi, à méditer des ordonnances, à nous rappeler tes faveurs, et à faire ta volonté. Que nos principaux entretiens et nos plus douces récréations soit de parler de ton amour, et de la grâce que tu nous as montrée en Jésus-Christ notre Seigneur. Afin que comme les disciples qui s'en allaient à Emmaüs tout tristes et tout désolés, parlant de ton Fils bien-aimé, il se trouva au milieu d'eux, et consola leur cœur ; qu'il soit aussi à toute heure au milieu de nous, et par nos entretiens, et par ses bénédictions.

Enfin que comme tu fais aider toutes choses en bien à ceux qui t'aiment et te révèrent, que ce voyage adressé par ta paternelle conduite réussisse au bien de nos affaires, à la consolation de nos âmes, et ce qui est le principal à l'avancement de ta gloire. Amen.

Gen.32.10-12 : 10 Je suis trop petit pour toutes les grâces et pour toute la fidélité dont tu as usé envers ton serviteur, car j'ai passé ce Jourdain avec mon bâton, et maintenant je suis devenu deux troupes. 11 Délivre-moi, je te prie, de la main de mon frère, de la main d'Esaü ; car je crains qu'il ne vienne et qu'il ne me frappe, la mère avec les enfants.

Psa.17.8 :

8 Garde-moi comme la prunelle, fille de l'œil,
　Garde-moi à l'ombre de tes ailes.

Luc.24.29 : Demeure avec nous, car le soir vient.

11

Prière en maladie.

Bon Dieu, puisque tel est ton bon plaisir que dans ton sein comme dans le sein de mon père, je verse mes larmes et mes douleurs ; je viens pressé par la grandeur de mes péchés, la rigueur de mes maux, l'autorité de ton commandement, et la douceur de ta promesse, me jeter à tes pieds, pour te prier par les entrailles de ta miséricorde, et par le sang précieux de ton Fils d'avoir pitié de moi, et de te rendre propice à mes vœux.

Ne me traite point, ô bon Dieu, selon ce que j'ai mérité. Car je sais bien que si tu regardes à mes défauts, ils sont tels et en si grand nombre que je serai toujours trouvé digne de beaucoup plus de mal que je n'en souffre, et tout à fait indigne du secours pour lequel je t'implore. N'ayant point fait ta volonté, comment puis-je espérer que tu fasses la mienne ? que je t'ai été si rebelle, et que tu me sois tout clément ? et que tu défères à mes prières, ce que je n'ai point déféré à tes commandements ? Au contraire, que pourrais-je attendre, ô Souverain Juge des hommes, sinon que ta justice indignée contre mes péchés, quant à la chair, redoublât tes verges sur moi, et ajoutât douleur à mes douleurs, et quant à l'âme, éteignît ta lumière en mon entendement, ta consolation en mon cœur, ta grâce en toutes mes capacités ; et me privant de l'assistance de ton Esprit et de tes anges, m'abandonnât en proie aux ennemis de mon salut, si ce n'était l'amour que tu me portes en Jésus-Christ ton Fils ?

Mais autant que la conscience de mon démérite m'étonne, autant la confiance de son mérite me console. Je suis pécheur, et grand pécheur ; mais tant y a que par ta grâce je suis un de ses membres, et en cette qualité j'ai sujet d'espérer ta miséricorde. Car je crois à ton Évangile, où tu promets ta consolation et ta grâce à tous ceux qui croient en lui. Je crois en lui, Seigneur, et tu le sais. Veuille donc pour l'amour de lui, et en souvenance des peines qu'il a souffertes pour moi en la croix, me recevoir en grâce, et couvrir de ton indulgence toutes les choses par lesquelles, depuis que je suis en ce monde, j'ai déplu à tes yeux en contrevenant à tes lois. Regarde-moi, non plus comme pécheur, mais comme ton enfant. Montre-moi visage de Père ; et si tu me châties, que ce soit en ta grâce, non en ta colère ; pour m'amender, non pour me perdre ; pour m'humilier, non pour m'abîmer.

Mes maux sont bien petits à l'égard de mes fautes, mais ils sont bien grands à l'égard de mes forces. Mon esprit tâche bien à les supporter pour l'amour de toi, mais ma chair est infirme. Veuille donc, ô bon Dieu, puisque tu es mon Père, puisque tu m'aimes, puisque tu ne veux point me perdre, modérer un peu ta rigueur, te contenter de ma peine passée, et retirer ta verge de dessus ma personne tant abattue. Que si tu veux, et s'il est ainsi nécessaire pour mon salut, que je demeure encore pour quelque temps cloué à cette croix, je me soumets tout à fait à ta volonté ; me voici tout nu sous ta verge, prêt à souffrir tout ce que tu voudras. Seulement, ô bon Dieu, je te recommande mon âme : assiste-la toujours de ton Esprit, et subviens charitablement à toutes ses infirmités. Fais qu'au milieu des inquiétudes du corps elle soit toujours paisible et tranquille, toujours libre en ses fonctions, toujours élevée vers ton trône, toujours éclairée de ta lumière, toujours embrasée de ton amour. Ne permets pas que jamais l'impatience de ma chair, la grandeur de mes maux, ou la longueur de mes ennuis me transporte au-delà des termes de l'obéissance et du saint respect que je dois à ta volonté, comme à la règle souveraine de mes affections. Mais comme en me visitant tu modères la rigueur de ton châtiment par la suavité de ta consolation, fais qu'aussi je tempère les aigreurs de mes plaintes par la douceur de ton amour, et l'amertume de mes larmes par le souvenir de tes bienfaits passés, par le sentiment de tes grâces présentes, et par l'espérance certaine de ton assistance future, et de ta béatitude immortelle.

Enfin, ô Dieu, si tu connais que je puisse encore en ce monde être utile pour ton service, pour l'édification de ton peuple, pour le soulagement de ceux qui m'appartiennent, et pour mon salut propre, veuille me conserver la vie, et me restituer la santé que tu m'avais auparavant donnée, afin que la tenant doublement de ta main, je me sente doublement tenu à te la consacrer ; et que je l'emploie toute pour la gloire de ton saint Nom. Inspire ta vertu et ta bénédiction aux aliments et aux médicaments que l'on me donne, ou pour ma nourriture, ou pour ma guérison, toi qui peux tout, et par les moyens, et sans les moyens, et qui d'une main toujours puissante mènes au sépulcre et en ramènes. Restaure en moi les forces naturelles que tu m'avais auparavant données, par cette vertu infinie qui a tout fait de rien, et qui ne guérit pas seulement les malades, mais ressuscite même les morts.

Mais quand ce sera mon meilleur d'être délivré de ce corps mortel, et recueilli en l'immortalité de ton saint repos, fais-moi la grâce qu'en cela je me conforme tout à fait à ta sainte ordonnance ; et qu'avec une foi sincère, une vraie repentance, et une ardente dévotion je me prépare à comparaître en ta présence. Lave par le sang de ton Fils toutes les taches qui me peuvent rendre déplaisant à tes yeux, et me purge de tout péché. Couvre toutes mes injustices de sa justice, et toutes mes rébellions de son obéissance. En me tirant de la compagnie des hommes, assiste-moi de celle de tes anges qui recueillent mon âme, la portent sur leurs bras, et la posent entre les tiens, où elle soit faite exempte à jamais des ennuis, des douleurs et de toutes les misères de cette vie, et jouissante de ta glorieuse présence, jusqu'à ce qu'enfin après la résurrection bienheureuse, je jouisse en corps et en âme en toute éternité de ces contentements infinis et incompréhensibles, que tu as réservés dans ton paradis pour la rémunération gratuite de ceux qui t'aiment et te révèrent.

Psaume.6.1-5

1 Éternel, ne me reprends pas dans ta colère
    Et ne me châtie pas dans ton courroux !
2 Fais-moi grâce, ô Éternel ! car je suis défaillant ;
    Guéris-moi, Éternel ! car mes os sont tremblants.
3 Mon âme aussi est toute tremblante ;
    Et toi, Éternel ! jusques à quand ?...

4 Reviens, Éternel, délivre mon âme ;
    Sauve-moi, à cause de ta grâce ;
5 Car il n'est plus fait mention de toi dans la mort :
    Qui te louera dans le séjour des morts ?

Psa.25.7,18

    7 Ne te souviens pas des fautes de ma jeunesse,
    Ni de mes transgressions.
    Souviens-toi de moi selon ta miséricorde,
    A cause de ta bonté, ô Éternel !
    18 Regarde mon triste état et mon tourment,
    Et enlève tous mes péchés.

Psa.38.1-4,9,15,22-23

Éternel, ne me reprends pas dans ton indignation,
    Et ne me châtie pas dans ton courroux !
2 Car tes flèches m'ont atteint,
    Et ta main s'est abaissée sur moi.
3 Rien n'est intact dans ma chair, à cause de ta colère ;

Rien n'est sain dans mes os, à cause de mon péché.
4 Car mes iniquités s'élèvent au-dessus de ma tête ;
   Comme un lourd fardeau, elles sont trop pesantes pour moi.
9 Seigneur, tout mon désir est devant toi,
   Et mon gémissement ne t'est point caché ;
15 Car c'est à toi que je m'attends, ô Éternel !
   C'est toi qui répondras, Seigneur, mon Dieu.
21 Ne m'abandonne pas, ô Éternel !
   Mon Dieu ! ne t'éloigne pas de moi.
22 Hâte-toi de venir à mon aide,
   Seigneur, qui es mon salut !

Psa.42.11

11 Pourquoi, mon âme, t'abattre et pourquoi gémir ?
   Espère en Dieu ! Oui, je le louerai encore :
   Il est mon salut et mon Dieu.

12

Action de grâces du fidèle pour sa convalescence.

ÉTERNEL MON DIEU, je t'aimerai d'une affection cordiale, et j'exalterai ta louange tant que j'aurai une goutte de vie, de ce que me voyant égaré de la voie de ton royaume, courir après les convoitises de la chair, et les sollicitudes de cette vie, tu as eu soin de me châtier comme ton enfant, tu m'as fait la grâce de supporter ce châtiment, non seulement sans aucun blasphème éclatant, mais sans aucun secret murmure contre ta sainte providence ; et puis me voyant suffisamment humilié sous ta verge, tu as exaucé mon pleur, et l'as retirée de dessus de moi. Car les entrailles de tes compassions paternelles ont été émues sur moi au plus fort de ta colère. Les cordeaux du sépulcre m'ayant entouré, j'ai crié vers toi, et tu m'as guéri, m'envoyant des médecins bien experts et pleins d'affection envers moi, leur donnant les remèdes convenables à ma guérison, leur inspirant ta bénédiction, et me suscitant diverses personnes pieuses et charitables, qui pour l'amour de toi se sont rendues soigneuses de mon bien, et par la force, l'affection et l'industrie que tu leur as données, m'ont très heureusement assisté.

Éternel, tu as fait remonter mon âme du sépulcre, et m'a rendu la vie afin que je ne descende point en la fosse, mais qu'en la terre des vivants je puisse encore célébrer ta bonté. Tu étais justement courroucé contre moi, car je ne t'avais pas servi avec le soin et le zèle que je devais, mais t'avais souvent offensé pour mettre trop attaché aux choses de ce monde et pour avoir trop négligé celles de ton royaume. Souvent mes passions et mes cupidités déréglées m'avaient emporté comme à travers champs, et eussent sans doute attiré sur moi de bien plus grandes peines si ton support n'eût bien fort tempéré l'ardeur de ta colère. Mais enfin, tu m'as bien fait voir que pour un moment qu'il y a en ta colère, il y a toute une vie en ta faveur ; et que si le pleur héberge chez nous pour un soir, le chant de triomphe ne manque point à venir au matin. Car tu as changé mon deuil en réjouissance, et m'as rendu la joie de ton salut.

Ô Père de miséricorde, je t'en rends grâces de tout mon cœur, et te supplie pour principal effet de la continuation de ta charité, de ne permettre point que j'abuse d'une aussi grande douceur dont tu daignes user envers moi ; mais de me faire la grâce que les épreuves et les douleurs par lesquelles je suis passé, m'induisent à bon escient à corriger ma vie, m'assujettissant de tout mon pouvoir au bon régime que tu m'as prescrit par ton ordonnance, comme le souverain médecin de mon âme. De peur qu'enfin mes ingratitudes et mes récidives n'enflamment ta colère d'un feu qui jamais ne s'éteigne, et ne la rende justement inexorable à mes gémissements.

Convertis-moi, Seigneur, afin que je sois vraiment converti. Règle toi-même par les enseignements de ta sainte parole et par les inspirations secrètes de ton Esprit, et mes pensées, et mes paroles, et mes œuvres ; afin que ta gratuité qui s'est rendue si admirable en la guérison de mon corps, paraisse encore davantage en celle de mon âme. Quant à ce corps, conserve lui par ta bonté cette vigueur et cette allégresse que tu lui as rendue, autant que tu verras qu'il sera utile pour ton service, pour le soulagement de mes frères, et pour ma consolation.

Veuille aussi, bon Dieu, avoir souvenance de ceux qui m'ont soulagé en ma maladie, qui ont consolé mon âme parmi les ennuis, et qui t'ont réclamé de bon cœur pour ma délivrance. Donne-moi le moyen de reconnaître envers eux et les leurs la charité qu'ils ont exercée envers moi, ne faisant point difficulté de mettre en hasard leur santé pour servir à la mienne. Dieu, sois leur propice en tout temps, conduis-les en toutes leur voies, et préserve-les par une faveur spéciale des maladies, des chutes, et de tous les accidents sinistres qui autrement leur pourraient arriver. Que si un jour enfin, il est nécessaire pour leur salut qu'ils ressentent aussi ta verge, fais qu'ils la sentent douce et vraiment paternelle ; que les larmes des leurs, et les gémissements de leur cœur viennent en ta présence ; et que le soulagement charitable qu'ils m'ont apporté, reçoivent de ta grâce sa juste rétribution.

Ô grand Dieu de notre salut, souverain conducteur et libérateur de nos vies, pardonne et à eux et à moi toutes nos offenses passées, et nous donne pour l'avenir, soit en santé, soit en maladie, soit en la vie, soit en la mort, de bénir toujours ton saint Nom, et de dépendre entièrement de ta sainte conduite, ayant en toutes choses pour visée principale l'accomplissement de ton bon plaisir, et l'exaltation de ta gloire ; jusqu'à ce qu'au ciel exempts et des douleurs du corps, et des chagrins de l'âme, et de tous péchés de la volonté avec des corps parfaitement sains, des âmes pleinement contentes, et des volontés tout à fait soumises et assujetties à la tienne, nous te glorifions éternellement avec tes anges et tes saints.

Psa.116.1-17

1 J'aime l'Éternel,
    Car il entend ma voix, mes supplications,
2 Car il a incliné son oreille vers moi,
    Aussi, je l'invoquerai durant mes jours.
3 Les liens de la mort m'avaient enveloppé,
    Et les détresses du sépulcre m'avaient rencontré ;
    J'avais rencontré la détresse et la douleur ;
4 Et j'invoquai le nom de l'Éternel :
    Je te prie, Éternel, délivre mon âme !

5 L'Éternel est miséricordieux et juste,
    Et notre Dieu est riche en compassions.
6 L'Éternel garde les simples.
    J'étais devenu misérable, et il m'a sauvé.
7 Retourne, mon âme, en ton repos,
    Car l'Éternel t'a fait du bien.
8 Oui, tu as délivré mon âme de la mort,
    Mes yeux de pleurs, mes pieds de chute.
9 Je marcherai en présence de l'Éternel,
    Sur la terre des vivants.

10 J'ai cru, car j'ai parlé.
    J'étais extrêmement affligé.
11 Je disais, dans ma précipitation :
    Tout homme est menteur.
12 Que rendrai-je à l'Éternel ?
    Tous ses bienfaits sont sur moi.
13 J'élèverai la coupe des délivrances,
    Et j'invoquerai le nom de l'Éternel.
14 Je m'acquitterai de mes vœux envers l'Éternel
    En présence de tout son peuple.

15 Elle coûte à l'Éternel,
    La mort de ses bien-aimés.
16 Oui, ô Éternel ! je suis ton serviteur,
    Je suis ton serviteur, le fils de ta servante ;
    Tu as délié mes liens.
17 Je te sacrifierai un sacrifice de louange,
    Et j'invoquerai le nom de l'Éternel.

Esaïe.38.17 : Voilà, l'amertume, l'amertume, a été mon salut ; ton amour a retiré mon âme de la fosse du néant ; car tu as jeté tous mes péchés derrière ton dos.

13

Prière du fidèle dans l'agonie.

Père de grâce et de miséricorde, voici ton pauvre enfant qui est accablé de mal et dénué de toute force se jette entre tes bras, déplorant sa misère, implorant ta miséricorde, et s'assurant au milieu de la mort en toi le Prince de la vie.

Ô Dieu, aie pitié de moi selon ta gratuité, selon la grandeur de tes compassions efface mes forfaits. Lave-moi tant et plus de mon iniquité, et me nettoie de mon péché. Car je connais mes transgressions, et mon péché est constamment devant moi. J'ai péché contre toi, contre toi proprement ; et j'ai fait ce qui est déplaisant devant tes yeux. Pourtant j'ahane en mon gémissement, même mon âme est grandement éperdue. Mais toi, ô Éternel, duquel la charité surabonde là où le péché abonde le plus, fait abonder la tienne en moi, ne me châtiant point en ta colère, et ne me reprenant point en ta fureur. Éternel, retourne-toi, tire mon âme hors de peine, délivre-moi pour l'amour de ta gratuité. Et comme en Jésus-Christ ton Fils, avant même que je ne fusse au monde, tu m'as aimé d'un amour infini, dès ma naissance m'as montré cet amour, m'as marqué de ton sceau quand j'ai été baptisé en ton nom, m'y as promis le pardon de toutes mes fautes, m'as éclairé de la connaissance de ton salut, m'as fait vivre jusqu'à cette heure en la communion de tes saints, m'y as donné les gages de la vie éternelle que mon Rédempteur m'a acquise, m'as consolé en tous mes maux par tes saintes promesses, m'as supporté en toutes mes faiblesses par d'indicibles compassions, m'as couronné enfin de toutes sortes de bénédictions, dont je te rends grâces de tout mon cœur ; pour l'amour de lui-même, de son obéissance, de ses prières, et de cette oblation précieuse qu'il t'a présentée en la croix, et qui fume encore en ta présence, continue-moi les fruits de ta bonté. Que ma prière, que ma foi, que ma repentance, et cette dernière résignation que je te fais de toutes mes volontés et affections viennent jusqu'en ta présence, et te soit agréable, non par son mérite (à quoi comme elle ne peut parvenir, aussi ne doit-elle point prétendre) mais par ton bon Esprit qui l'a formée en moi et par ton Fils unique qui la présente pour moi.

Ô Dieu crée en moi un cœur net, et renouvelle en moi un esprit bien remis. Donne-moi aujourd'hui en mon extrême nécessité la joie de ton salut, et fais que ton Esprit franc me soutienne, afin qu'en l'angoisse où je suis, puisqu'il te plaît ainsi, Satan n'ait point de puissance sur moi ; mais que victorieux de cet esprit malin, de ses tentations de ma volonté propre, et de toutes les infirmités de ma chair, je dépouille franchement ce corps de péché, quitte ce monde sans regret, et sois porté sur les bras de tes anges en l'héritage de ta gloire, où je sois recueilli en la compagnie de mes frères déjà recueillis avec toi, où je voie ta face tant désirée, où j'entende ta voix tant aimable, et où après toutes les misères de cette vie et de cette mort, entre lesquelles tu me vois agité, je me repose éternellement dans le sein de ton Fils bien-aimé.

14

Autre prière à Jésus-Christ.

Seigneur Jésus, qui les bras étendus cries en l'Évangile à tous pauvres pécheurs affligés : « Venez à moi vous tous qui êtes chargés et travaillés et je vous soulagerai et vous trouverez repos à vos âmes » ; selon cette douce semonce et ces consolantes promesses, je viens à toi, pour dans les douleurs extrêmes dont je suis travaillé, et en l'appréhension de la colère de Dieu sur la multitude de mes péchés dont je suis presque accablé, avoir soulagement et trouver repos à mon âme. Seigneur Jésus, aie miséricorde de moi ; et comme tu lavas jadis les pieds de tes Apôtres, de ceux même qui le refusaient, moi qui t'en prie de tout mon cœur, lave-moi en ton sang, et les pieds et la tête, afin que j'ai communion avec toi. Couvre-moi de tous tes mérites, et ainsi revêtu, présente-moi au Père comme l'un de tes membres pour qui tu es mort en la croix ; afin qu'en ta considération il m'embrasse et me reçoive entre les esprits bienheureux.

Je sais bien que mes fautes qui ont fait une si grande séparation entre lui et moi, me rendent tout à fait indigne d'avoir aucun accès à sa grâce. Mais je sais bien aussi qu'il ne te peut rien refuser, qu'il t'aime plus qu'il ne me peut haïr, que ma mauvaise vie ne lui saurait avoir tant déplu que l'obéissance que tu lui as rendue en ta mort, ne lui ait plu encore davantage, et que tous mes péchés ensemble ne crient point si haut vengeance contre moi, que ton sang épandu pour moi ne crie encore plus haut et avec plus d'efficace pour obtenir la miséricorde que je demande. Ne permets point, ô l'unique espoir de mon âme, que cette assurance que j'ai en ton mérite et en ton intercession, me soit infructueuse ; mais fais en pour moi une vertu forte de toi, non pas tant pour ce corps qui se meurt, que pour cette pauvre âme qui par toi aspire à la vie. Si tu regardes à mes rebellions et à mes ingratitudes passées, j'ai mérité en mille sortes, non seulement d'être privé de ton amour, du fruit de ton mérite, de la faveur de ton intercession, de la douceur de ta consolation, et de la gloire de ton royaume ; mais d'être traité tout à fait comme ton ennemi. Mais n'est-ce pas toi-même, ô bon Sauveur, qui nous as ordonné d'aimer nos ennemis ? Et serait-il bien possible que la charité que tu exerces envers moi, fût moindre que celle qu'il te plaît exiger de moi ? Que tu me commandasses de pardonner à mes ennemis, et que tu fusses inexorable au tien quand il te demande pardon ? Je suis ta créature, Seigneur, qui ai été formée à ton image, rachetée de ton sang, honorée de ton Nom, appelée à ta gloire. Mais si mes fautes me réduisent à ce malheur d'être tenu comme ton ennemi, j'implore même en cette qualité les saintes lois de ta charité et de ta douceur. Aime-moi pour le moins comme ton ennemi, et fais pour moi ce que tu fis pour ceux-là mêmes qui te crucifièrent. Dis à ton Père cette bonne parole pour moi : Père, pardonne-lui, car lorsqu'il t'offensait, il ne savait ce qu'il faisait. Toi qui fis grâce au pauvre brigand converti à l'heure de la mort, encore qu'auparavant il ne t'eût point connu ni invoqué, ne me refuse point cette grâce à moi qui ai été baptisé en ton Nom, nourri en ta maison, assis à ta table, et qui n'ai jamais reconnu autre Sauveur que toi.

Seigneur Jésus, aie souvenance de moi en ton royaume. Seigneur Jésus fais-moi sentir en cette extrémité l'efficace de ton saint Nom, et me sois Sauveur en effet. Seigneur Jésus, reçois mon esprit, et fais que je sois aujourd'hui avec toi en ton paradis ; que j'ai contentement de contempler face à face ce bon Sauveur qui m'a si tendrement aimé, qui a tant enduré pour me donner la vie, qui pour cet effet, a donné la sienne, qui m'a fait tant de bien, qui m'a si charitablement supporté en toutes mes faiblesses et consolé en toutes mes douleurs. Que tu m'embrasses, ô l'unique époux de mon âme, des sacrés baisers de ta bouche, que tu m'embrasses, et que je t'embrasse, et qu'en ces doux embrassements je demeure éternellement uni avec toi.

15

Autre prière au Saint-Esprit.

E SPRIT CONSOLATEUR qui est l'unique réconfort des âmes angoissées, en cette dernière détresse j'implore ton secours, non sur la présomption d'aucun mien mérite (car ayant méprisé ta grâce, négligé ton support, et résisté à tes saints mouvements, comme j'ai fait tant de fois en ma vie, je me reconnais trop indigne d'en ressentir plus l'efficace) mais sur l'assurance de ta nature, qui n'est qu'amour et charité à l'endroit des pauvres pécheurs. Encore que misérable pécheur que je suis je n'ai vertu ni justice dont je me puisse glorifier devant toi, ni devant les hommes, ta grâce, ô divin Esprit me suffit. Car ayant commencé ta bonne œuvre en moi, je suis certain que tu la perfectionneras, voire que tu manifesteras ta vertu en mon infirmité, me faisant triompher, en la mort même, du prince de la mort. Sur cette assurance je te supplie par tes compassions éternelles, que tu prennes mon âme en ta protection, que tu chasses d'autour de moi cet ennemi de mon salut, afin qu'il n'ait aucun pouvoir par ses tentations de me faire trébucher au mal ; que tu campes à mes côtés les anges de ta force pour ma conservation et pour ma défense, et que comme jusqu'à cette heure tu m'as fait crier à mon Dieu par d'inénarrables soupirs, *Abba, Père,* rendant témoignage avec mon esprit que j'étais du nombre de ses enfants, il te plaise à ce coup sceller la vérité de ce témoignage en mon cœur, et redoubler la force, l'ardeur, la promptitude de mes gémissements, afin qu'ils viennent jusqu'en sa présence, et fléchissent sa bonté divine au salut de mon âme.

Esprit qui souffles où tu veux, souffle dedans le mien, afin que tes grâces célestes ne s'y éteignent point mais que l'amour que je porte à mon Dieu, la foi que j'ai en mon Sauveur, et le désir de ta gloire céleste s'y allume et s'y enflamme de plus en plus. Veuille aussi, toi qui n'es rien que feu, mais feu de charité et d'amour, embraser mes affections du feu d'une vraie charité : afin qu'aimant mon Dieu, j'aime aussi tous mes frères, même mes ennemis si aucun j'en ai, d'une affection cordiale comme moi-même, leur pardonnant leurs offenses d'aussi bon cœur que je désire que tu me pardonnes les miennes.

Délivre-moi, ô céleste consolateur des sollicitudes fâcheuses de cette vie, délivre-moi de l'amour charnel de ce corps et du regret de tous ceux que je laisse au monde, délivre-moi surtout de ce lourd fardeau de péché, sous lequel, si tu ne subviens à mon infirmité, je m'en vais succomber. Et puis m'ayant mis tout à fait à délivre de tout ce qui peut m'empêcher de quitter la terre franchement pour m'en aller allègrement au ciel, ouvre-moi les yeux comme au martyr Étienne : afin que voyant comme lui les cieux tout ouverts devant moi, voyant mon Rédempteur qui prie le Père pour moi, voyant le Père apaisé envers moi me tendre de là-haut les bras, je m'envole vers lui plein de zèle, plein de courage, plein de contentement et de joie, et qu'étant recueilli par lui en l'héritage de son royaume, en la communion glorieuse de son unique, et en la compagnie de tous tes saints, je te voie, te bénisse et te glorifie éternellement avec eux.

Gen.49.18 : Je me suis attendu à ton salut, ô Éternel !

Psa.31.5,14-15

5 Je remets mon esprit entre tes mains ;
    Tu m'as racheté, Éternel, Dieu de vérité !
14 Mais moi, je me confie en toi, ô Éternel !
    Je dis : Tu es mon Dieu !
15 Mes temps sont dans ta main ;
    Retire-moi des mains de ceux qui me haïssent
    Et de ceux qui me persécutent.

Luc.2.29-30 : 29 Maintenant, Maître, tu laisses aller ton serviteur en paix, selon ta parole ; 30 car mes yeux ont vu ton salut.

Act.7.56,59 : Voici, je contemple les cieux ouverts, et le Fils de l'homme debout à la droite de Dieu… Seigneur Jésus, reçois mon esprit !

Philippiens.1.23 : mais je suis pressé des deux côtés, ayant le désir de partir et d'être avec Christ, car cela est de beaucoup meilleur.

Apo.22.20 : Amen, viens, Seigneur Jésus !

16

Prière du fidèle en tout temps.

SEIGNEUR BON DIEU, j'ai mon recours au trône de ta grâce, comme au refuge unique des âmes fidèles et repentantes pour te prier d'avoir pitié de moi ta pauvre créature, et comme auteur unique de ma vie et de mon salut me favoriser de ton assistance en toutes mes nécessités et du corps et de l'âme.

Sans toi je ne puis subsister, non pas un seul moment ni en la nature, ni en la grâce ; mais ta faveur m'accompagnant il n'y a rien qui ne me soit possible, et qui ne tourne à mon salut. Car j'ai cette ferme croyance qu'en ma communion avec toi est tout mon bonheur. Veuille donc, ô Dieu, non à cause de moi ni d'aucune chose qui soit en moi, mais à cause de ta bonté, et de l'intercession de ton Fils, m'octroyer cette grâce. Si l'obéissance qu'il t'a rendue, si les prières qu'il t'a faites, si les larmes qu'il t'a présentées, si la victime qu'il t'a immolée en la croix, et toutes les peines qu'il a souffertes pour l'expiation de nos fautes t'ont été agréables, et si les requêtes de tes enfants qui croient en son nom, ont quelque accès à ta miséricorde, et quelque force pour la fléchir, veuille me placer en sa considération propice et favorable et me remplir du même Esprit duquel tu l'as rempli, afin que je sois fait un avec lui, et par lui avec toi.

Illumine mon entendement d'une connaissance si claire, et le remplit d'une foi si certaine de tes mystères, que quelque chose, ou que ma raison imagine, ou que les hommes me suggèrent contre ta vérité, il ne me puisse arriver d'en douter. Quoique Satan demande à me cribler, fais par ta grâce que ma foi ne défaille point, mais qu'elle ait un fondement si ferme que les portes d'enfer ne puissent rien contre elle. Fais que cette croyance en ta vérité soit toujours une assurée confiance de ta bonté. Par cette foi, mon Dieu, ouvre la porte de mon cœur pour y entrer, et pour y faire ta demeure. Prépare-le toi-même, et l'enrichis de toutes les vertus qui te le peuvent rendre agréable, afin que t'y conviant humblement, et t'y retenant constamment, je l'ai toujours plein de ton Esprit et de ta grâce. Embrase-le de ton amour, et fais que par cet amour il t'embrasse comme son unique contentement. Que toutes mes affections et mes puissances deviennent bras pour t'embrasser, et t'embrasser si étroitement, si affectueusement, et si ardemment que ni la mort, ni la vie, ni aucune autre chose ne me puisse séparer de toi. Que si auparavant je m'en suis séparé, si mes péchés ont fait divorce entre ton Esprit et le mien, comme sans doute ils ne l'ont que trop fait, je t'en implore merci avec un extrême regret de t'avoir déplu ; et je voudrais n'être jamais né, ou dès cette heure même être exterminé de ce monde, si je savais de n'avoir à y demeurer que pour continuer en mes vices, et pour être par mes péchés un achoppement à mes frères, en détestation à tes anges, en offense à ta majesté, et en confusion à moi-même.

Quand je me représente, ô Dieu, que moi que tu as mis au monde pour y être un chef-d'œuvre de tes merveilles, un sanctuaire de ton Esprit, et un miroir exquis de tes beautés, qui ne devais avoir autre guide que ton Esprit, autre règle que ta volonté, ni autre visée que ta gloire, et que tant de fois et en tant de façons j'ai contristé cet Esprit, mis en arrière cette gloire ; et qu'ayant reçu tant de preuves de ton amour, je t'ai rendu si peu de témoignages du mien : j'en souffre dans mon âme (tu en es témoin) d'extrêmes regrets, dont le plus fâcheux et que je ne sens point en moi ces regrets si vifs et si amers comme le sujet en est grand. Mais veuille les suppléer par la perfection de ta charité à l'imperfection de ma repentance. Si je ne suis pas parfaitement repentant comme tu l'ordonnes et que je le désire, c'est que je suis homme, et n'ai rien de parfait en moi. Toi qui es Dieu, en qui tout est parfait, qui aime tous les tiens, non pour leur perfection, mais pour ta bonté, ne laisse pas pourtant de te montrer parfaitement charitable envers moi, et de me recevoir à merci. Tu es juste, et je suis pécheur ; mais cependant tu es mon père, et je suis ton enfant. Traite-moi comme ton enfant, et me supporte en mes enfances et en mes faiblesses. Si tu ne me supportes, qui me supportera ? Et si tu te courrouces contre moi, qui me consolera ? Et si en la fontaine même de consolation et de grâce, je ne trouve ni grâce ni consolation, où irai-je la chercher, et où la pourrai-je trouver ? Tu es trop bon, ô Dieu, trop véritable, trop fidèle, et trop miséricordieux pour me la refuser, quand je te la demande au nom de ton Fils bien-aimé, toi qui m'as donné ce Fils-même, ce bien-aimé, sans que seulement je pense à te le demander, et je ne puis me persuader ayant éprouvé ton amour comme je l'ai éprouvé tant de fois, que tu puisses permettre que pour ce qui me touche, son sang précieux ait été inutilement répandu sur la croix, que l'eau mystique du baptême ait été pour néant versée sur mon front, que ton saint Nom y ait été réclamé sans effet, et que les signes de son corps et de son sang que j'ai reçus solennellement à ta table, me soient en condamnation. Ne le permets point, ô bon Dieu.

Mais me pardonnant gratuitement toutes mes offenses passées, fais que je les déteste et les abhorre toute ma vie, prêt à souffrir plutôt la mort que d'y retomber. Pour cet effet prends la conduite et de mon corps et de mon âme, et me donne ton saint Esprit pour l'ordinaire directeur de mes pensées, de mes paroles et de mes œuvres ; afin qu'il n'y en ait aucune qui soit capable d'irriter les yeux de ta gloire. Éloigne de mes yeux tout sujet de tentation : et fais qu'autant que ma chair recherche les amorces de la concupiscence, et les allumettes de ses mauvais désirs, autant mon esprit les refuse et les chasse loin de soi. Garde-moi de toute mauvaise compagnie ; et s'il m'est impossible à cause des nécessités ordinaires de cette vie, de m'en séquestrer tout à fait, au moins prémunis-moi des barrières nécessaires pour n'être point endommagé par la contagion de leurs vices. Ou donne-moi la grâce d'éviter leur rencontre et leur fréquentation, ou fais qu'étant contraint de vivre parmi eux, je ne prête point pourtant l'oreille à leurs suggestions damnables, que je ne m'en aigrisse point contre leurs moqueries et leurs injures, mais principalement que je n'imite point leurs scandaleux exemples, mais que je sois comme un lys entre les épines, comme une perle parmi le sable, comme une pierre précieuse parmi la fange, comme un flambeau de pitié parmi la génération perverse, leur éclairant par mes bons exemples, et n'oubliant rien pour les adresser à la droite voie de tes commandements. Envoie et à eux et à moi toutes les aides qui nous peuvent exciter à bien faire, les bons exemples, les avis salutaires, les prédications de ton Évangile : mais principalement les inspirations et les mouvements secrets de ton Esprit, et nous fais à tous cette grâce que tant que nous vivrons au monde nous demeurions constants à ton service pour après avoir vécu en ta crainte, mourir finalement en ta grâce, et revivre pour toute éternité en ta gloire.

17

Prière des père et mère pour leurs enfants.

Seigneur bon Dieu, qui en ton alliance nous a promis d'être le Dieu, tant de nous que de nos enfants, puisque pour gage de ta grâce et de ta bénédiction il t'a plu nous donner ceux-ci : lesquels dès leur naissance nous t'avons consacrés, et lesquels tu as marqués de ton sceau, et introduits par le baptême [a] à la communion du corps de ton Fils, veuille leur être père, les regardant non en eux-mêmes, mais en lui, duquel ils sont les membres, et les traitant, non plus comme enfants d'un pauvre pécheur, mais comme tes propres enfants.

Donne charge d'eux à tes anges, qu'ils les portent entre leurs bras, afin que leur pied ne heurte contre la pierre ; mais qu'étant préservés de toutes mauvaises rencontres, et de toutes chutes mortelles ils aient sujet, et nous avec eux, de reconnaître et d'adorer ta sainte providence en leur conservation, et en leur conduite. Mais veuille principalement leur donner ton Esprit, qui jamais ne les abandonne, mais les accompagnant partout les adresse en tes voies, les illumine en ta vérité, leur apprenne ta volonté, les embrase de ton amour, les préserve de tous les aguets, et de toutes les tentations du diable, leur fasse la grâce de persévérer jusqu'à leur dernier soupir en ta vérité, et en ton amour, et les conserve purs, et entiers, et irrépréhensibles jusqu'à la journée de ton Fils.

Fais que toute leur jeunesse se passe en plaisir, mais que tout leur plaisir soit à te plaire ; et que correspondants autant que leur infirmité le permet par un respect et une obéissance vraiment filiale à ton support, et

---

a. Comme tous les Réformés, sortis de l'Église romaine, Le Faucheur croit que les enfants sont incorporés au corps de Christ par le baptême, indépendamment de leur absence de foi personnelle. Ce n'est que plus tard qu'une vision plus biblique du baptême deviendra dominante chez les Évangéliques. (ThéoTeX)

à ta dilection paternelle, ils te soient aussi bons enfants comme tu leur es bon père ; qu'en toutes leurs nécessités ils recourent à toi, en toutes leurs perplexités se conseillent de toi, en toutes leurs œuvres, regardent à toi, en toute leur vie ne respirent que toi, comme leur père, conservateur, et leur tout.

Quant à leur état en ce monde, nous ne te demandons pas, ô bon Dieu, que tu leur donnes de grands trésors ; car vivant en ta crainte, ils seront toujours assez riches, au lieu que sans cela toutes leurs richesses ne leur serviraient sinon à les damner ; mais seulement que tu leur donnes le moyen et l'industrie de parvenir à quelque honnête vocation, en laquelle s'exerçant en bonne conscience, employant le talent que tu leur as donné, servant à leur patrie selon leur petite puissance, ils acquièrent de quoi s'entretenir commodément, et assister à leurs frères nécessiteux. Et comme il t'a plu de te servir de nous pour les mettre en ce monde, et pour les élever jusqu'à cet âge ; veuille aussi nous rendre utiles par notre exhortation, et par notre labeur à leur conservation, et à leur avancement.

Mais principalement pour ce qui touche la vie spirituelle, fais-nous la grâce que nous ne défaillions point et à l'affection que nous leur devons pour l'amour de toi, mais que nous veillions en tout temps sur leurs déportements, que nous les sevrions de bonne heure de tout plaisir vicieux et désordonné, et que nous travaillions sur toutes choses à les élever en ta crainte, les éloignant des mauvaises compagnies, leur enseignant tes voies, leur en montrant nous-mêmes le chemin par exemples de piété, de charité, de tempérance, et les y poussant, tant qu'il est en notre pouvoir, par vives remontrances et exhortations, afin que ces prémices de leur vie t'étant consacrées sanctifient toute leur vie.

Que s'ils viennent à faire chose qui te soit déplaisante, comme ils sont conçus en péché, et irrités en iniquité, pardonne-le leur, ô bon Dieu, pour l'amour de ton Fils, et fais que de notre côté nous les corrigions avec prudence et avec zèle, tempérant de telle façon notre amour envers leurs personnes, et notre haine contre leurs vices, que nous ne les gâtions point par une trop grande indulgence, et ne les dépitions point par une trop grande rigueur. Mais que nous réglions cet amour charnel que nous leur portons naturellement par le spirituel que nous te devons, et modérions notre rigueur par la considération de leur âge et de la faiblesse de notre nature.

Donne enfin, ô notre bon Père, et à eux et à nous, de nous conduire en sorte que notre maison semble un temple dédié à ta majesté, où ton saint Nom soit révéré par-dessus toutes choses, où tes louanges retentissent de toutes parts, où surtout ta loi soit maîtresse, et où au lieu des paroles profanes et des actions scandaleuses qu'on entend et qu'on voit ailleurs, on entende et ne voie que toutes choses saintes et vraiment dignes de ta maison ; afin qu'aussi tes anges soient toujours campés à l'entour de celle-ci, et que tes bénédictions y abondent et maintenant et à toujours pour l'amour de ton Fils unique, auquel avec toi et le Saint-Esprit soit honneur et gloire aux siècles des siècles.

Gen.48.15-16 : Que le Dieu devant la face duquel ont marché mes pères, le Dieu qui a été mon berger depuis que je suis jusqu'à ce jour, que l'ange qui m'a délivré de tout mal bénisse ces enfants.

18

Prière des enfants pour leur père et mère.

Seigneur bon Dieu, qui es le père de toute créature humaine par la nature, qui es le nôtre particulièrement par ta grâce, trouve agréable que te remerciant comme nous devons et de cette nature et de cette grâce comme de bienfaits émanés de ta pure bonté, nous te remercions aussi de tout notre cœur de ce que tu nous as conservés ceux par qui tu nous as daigné communiquer l'une et l'autre, et que pour le sacrifice du soir et du matin nous te présentions nos vœux très ardents pour la continuation de cette faveur et sur eux et sur nous.

Puisqu'il te plaît que nous ayons en eux une vive image de ton autorité et de ta bonté, et que le premier honneur qu'après le tien tu nous as ordonné c'est le leur, donne-nous de les révérer et à cause de ton image, et à cause de ton ordonnance, et de leur rendre toute notre vie tous les devoirs d'une affection vraiment filiale. Ne permets point que jamais tant de malheur nous arrive que par nos indiscrétions, et nos désobéissances nous leur causions aucun chagrin ou leur donnions occasion de regretter le soin qu'ils ont daigné prendre de nous. Mais fait que conformant notre vouloir aux leurs, en tant qu'ils les conforment aux tiens, notre obéissance leur soit agréable, nos services en soulagement, notre présence en consolation, et que quand même cette vie leur serait désagréable à cause d'eux-mêmes, elle leur soit agréable à cause de nous.

Donne-leur surtout ce contentement de nous voir fidèlement imiter les exemples de leur piété, et religieusement observer les préceptes de leur charité. Anime-les de ton Esprit, afin qu'il opère dedans le nôtre avec pleine efficace. Fais cette grâce et à eux et à nous, que voyant la dévotion, la sainteté, la débonnaireté, l'humilité, le zèle, et toutes les vertus chrétiennes dont tu as animé leur cœur, revivre en nous comme en de nouveaux rejetons de ta grâce, et y fleurir et fructifier en toute bonne œuvre, ils aient sujet de bénir leur peine, et de se réjouir parmi les ennuis qu'ils ont autour de nous, de ce que les prières qu'ils te présentent tous les jours pour nous, ont trouvé grâce devant toi. Exauce aussi celles que tous les jours nous versons pour eux en ton sein. Verse sur leurs personnes, sinon toutes les bénédictions que nous leur souhaitons, au moins celles que tu sais être les plus propres pour leur salut.

Prolonge-leur avec la vie les doux effets de ton amour et couronne leur vieillesse de tant de biens, qu'elle leur soit comme la porte de ton paradis, et une heureuse anticipation de ta félicité céleste, jusqu'à ce qu'enfin rassasiés de jours, comblés de tes faveurs temporelles, et tout brûlants du désir des biens éternels, ils se voient délivrés de ce corps de mort, recueillis de tes anges, portés dessus leurs bras, et mis entre les tiens pour être éternellement jouissant avec les saints des biens que l'œil n'a point vus, l'oreille entendus, ni le cœur de l'homme compris, et que tu as préparés à tous ceux qui t'aiment et te révèrent.

19

Prière pour l'Église.

Seigneur bon Dieu, qui en une corruption si universelle du monde avais tant de sujets de damner en ta juste indignation tous les hommes, les laissant errer en leurs voies, sans Dieu, sans foi, sans espérance ; et qui néanmoins as voulu en tes grandes compassions te recueillir d'entre eux une Église, pour être comme ta famille, ta bergerie, ton peuple acquis et particulier ; nous qui par ta miséricorde avons l'honneur d'être de ses membres, te supplions par ta bonté, et par la fermeté invariable de tes promesses, comme tu en as été l'auteur, qu'il te plaise en être encore le protecteur, la conduire en toutes ses voies, exaucer toutes ses prières, la soulager en toutes ses faiblesses, la consoler en tous ses maux, la secourir en toutes ses nécessités, et en toutes choses avoir soin d'elle comme de l'unique épouse de ton Fils unique.

Aie égard, ô Dieu, à cette dilection ineffable qu'il lui a portée avant tous les siècles. Aie égard à ce précieux sang, à cette chair inestimable, à cette mort horrible et douloureuse, par laquelle il l'a rachetée. Aie égard à cette douce, charitable et puissante intercession, par laquelle sans cesse il la recommande à ta grâce, comme son unique, sa bien-aimée, ses délices, son cœur, et un autre soi-même. Remplis-la pour l'amour de lui du même Esprit duquel tu l'as rempli, afin qu'il vivifie un chacun de ses membres, et que par les sacrés liens d'une vraie foi et d'une charité sincère les unissant, et les uns aux autres, et tous à lui, tu fasses de tous un seul corps, à savoir le corps de ton Fils, et l'accomplissement de celui qui accomplit tout en tous. Par cet Esprit fais-la de plus en plus abonder en toute sagesse et intelligence spirituelle ; mais surtout en la connaissance de ce grand mystère de piété : Dieu manifesté en chair, justifié en esprit, vu des anges, prêché aux Gentils, cru au monde, et élevé en gloire. Afin qu'elle ne soit point flottante et ballottée çà et là à tout vent de doctrine, par la piperie des hommes, et par leurs séductions sournoises, mais qu'elle conserve ce bon dépôt religieusement ; que cette vérité de ton Évangile, dont elle est le dépositaire par ta bonté soit permanente en elle. Que quand même un apôtre ou un ange du ciel viendrait lui évangéliser autre chose, il lui soit en exécration.

Veuille aussi par la vertu de cet Esprit et de cette parole la faire abondamment fructifier en toutes bonnes œuvres, afin que sa lumière luisant devant les hommes, ils te glorifient en elle. Ne permets point, bon Dieu, qu'ayant commencé par l'Esprit elle finisse par la chair, ni qu'elle ne délaisse jamais sa première charité ; ou si pour quelque temps elle l'a délaissée, ramène-la incontinent par tes remontrances à son devoir ; afin qu'ayant souvenance d'où elle est déchue, elle se repente, et fasse les premières œuvres, et te soit fidèle jusqu'à la mort pour recevoir de toi la couronne de vie. Ne la conserve pas seulement en sorte qu'elle ne diminue pas et ne déchoit pas, mais fais-la croître tous les jours par la mesure de tes grâces, et par le nombre des personnes qui s'adjoignent à elle.

Lève-toi, Éternel, aie compassion de Sion, édifie ses murailles, relève son honneur, augmente sa puissance, rend honorable la maison de ta gloire, fais que les étrangers y viennent par volées épaisses comme des nuées, ou comme des pigeons, qui volent à leurs niches ; que ses portes soient ouvertes continuellement, et ne se ferment ni nuit ni jour, afin que les forces des nations te soient amenées, et que leurs rois y soient conduits. Que la nation et le royaume qui ne la serviront point, périssent et soient réduits en désolation totale ; que même les enfants de ceux qui l'auront affligée, viennent vers elle se courbant. Que tous ceux qui la dénigraient, se prosternent à la plante de ses pieds, et l'appellent, la ville de l'Éternel. Au lieu qu'elle a été délaissée et haïe, établis-la en élévation éternelle et en réjouissance de génération en génération. Qu'elle se nourrisse du nectar des rois et du lait des nations, afin qu'elle sache que tu es l'Éternel son Sauveur et son Rédempteur.

Exauce en cela les prières et les gémissements que te présentent tous les jours pour elles tes pauvres serviteurs comme affectionnés à ses prières, ayant pitié de sa poussière, et ne désirant rien tant au monde que de voir ton saint Nom adoré par tout l'univers, et tous les ennemis de ta vérité et de ton Église fléchir sous ton empire. Donne-nous ce contentement de voir revenir à la voie du salut tous nos pauvres concitoyens, qui vont encore errant après les faux services et les abus, que l'adversaire de ta gloire a introduit au milieu de la chrétienté. Comme ils sont nos frères selon la chair, fait qu'ils le soient aussi selon l'Esprit. Comme nous respirons un même air, que nous respirions aussi un même zèle et une même piété et qu'étant tous membres d'un même corps, auditeurs d'un même Évangile, confirmés par un même sacrement, et participant à une même grâce et à une même espérance, nous joignons nos vœux et nos voix à l'imploration de ta grâce, et à l'exaltation de ta gloire.

Et enfin, ô bon Dieu, pour la gloire de ton grand Nom, mets ton Église en tel état, que la perfection, la sainteté et la grandeur à laquelle tu l'auras élevée, la rende préférable à tous les États de ce monde, vénérable aux saints et aux anges, redoutable au diable et à tous les méchants et vraiment digne de porter ce nom auguste de ton peuple et de ton royaume. Pour cet effet, donne-lui des pasteurs qui soient selon ton cœur. Quant à la suffisance qu'ils ne soient point apprentis en leur charge, mais accomplis en toute connaissance, et rendus propres par ton Esprit à enseigner les ignorants, à convaincre les contredisants, à fortifier les infirmes, à consoler les affligés, à reprendre les vicieux, à réprimer les orgueilleux, à exhorter les lâches, en un mot à retirer les âmes de la puissance de Satan, et à les amener à ta grâce. Quant à leur vie, non sujets à leur sensualité, non querelleux, non avaricieux, non adonnés à leurs plaisirs, mais zélés à ta gloire, aimant les gens de bien, bénins, tempérés, honorables, sages, justes, sains, continents, enfin irrépréhensibles en toutes choses, incorruptibles, modèles de bonnes œuvres à leurs troupeaux. Quant à leur prédication, fuyant toutes doctrines diverses, retenant ferme la norme de tes saines paroles, et instruisant avec douceur ceux qui ont des sentiments contraires, pour essayer si d'aventure tu leur donneras repentance, de façon à ce qu'ils sortent des pièges du diable, et qu'ils reconnaissent ta vérité ; et généralement pour toute l'administration de leur charge qu'ils ne soient point des ventres paresseux, nonchalants à l'égard de tes dons et enfouissant tes talents, mais qu'ils soient attentifs à la lecture, à l'exhortation, et à l'enseignement de la doctrine, insistant en temps et hors de temps pour la conversion des pécheurs, veillant et travaillant sans cesse à l'avancement de ta gloire, en édifiant ton peuple. Toutes les fois qu'ils montent en chaire, envoie-leur ton séraphin volant, qui touche leurs lèvres d'un charbon vif pris dessus ton autel, afin que leurs paroles sanctifiées par ton Esprit, sanctifient les esprits de tous leurs auditeurs, et embrasent en eux un vrai zèle, et une vraie dévotion à ta gloire. Donne-leur pour soulagement des diacres et des anciens qui ne soient point des hypocrites ou convoiteux de gain déshonnête, mais des gens graves, vénérables, et retenant le secret de la foi en une conscience pure, afin qu'ils puissent conjointement suffire à une charge si grande et si pesante qu'est la conduite de ton Église.

Fais que tous ceux dont elle est composée se soumettent avec révérence au saint ordre que tu y as mis, respectant la puissance de leurs supérieurs, aimant cordialement leurs personnes, recevant en toute humilité leurs censures, et se conformant de tout leur pouvoir à leurs salutaires enseignements. Que les pauvres et les petits se portent humblement et avec révérence envers les autres que tu as relevés au-dessus d'eux, soit en honneur, soit en moyens ou autres avantages. Que les riches d'autre côté ne soient point rudes ni hautains, mais communicatifs, riches en bonnes œuvres, charitables envers les pauvres, se faisant trésor d'un bon fondement pour l'avenir, afin qu'ils appréhendent de la vie éternelle. Que tous universellement de quelque humeur, de quelque âge, de quelque qualité qu'ils soient, vivent ensemble comme frères, s'aimant de cœur et d'âme, se supportant les uns et les autres, se pardonnant les uns aux autres, et s'unissant les uns avec les autres par une si forte correspondance d'affection et de volonté que ni toutes les malices spirituelles qui demeurent dans les lieux célestes, ni tous leurs ennemis visibles ne puissent rompre leur union. Que nous tous, ô bon Dieu, te servions d'un même courage, que nous conspirions tous ensemble à l'exaltation de ta gloire, et au bien de ce corps, dont nous sommes les membres, et que nous contribuions franchement en tous les dons spirituels, et en tous les moyens temporels que tu nous as donnés. Qu'à notre piété, à notre charité, et à notre concorde il apparaisse clairement que nous sommes véritablement ton Église, méprisée aujourd'hui des hommes, mais précieuse éternellement devant toi.

Dieu de miséricorde, fais reluire sur elle la clarté de ta face, comble-la de tes grâces, et de tes bénédictions, tant du corps que de l'âme. Mets-la sous l'ombre de tes ailes, et la préserve de tout mal, de la perfidie de tous faux frères, de la ruse de tous séducteurs, de la malignité de tous persécuteurs ; mais principalement de la rage de ce grand lion rugissant qui se promène continuellement autour d'elle, ou pour la dévorer, ou pour la dissiper.

Ô grand pasteur des âmes, sois le garant et le libérateur de cette pauvre bergerie, qui n'a confiance qu'en ton amour, ni sûreté qu'en ta providence. Toi qui tiens en ta main les cœurs des peuples et des rois, ou fléchis doucement leur cœur à la chérir et à lui faire du bien, ou les dompte si puissamment, que demeurant confus en leurs maudits et damnables desseins pour ne les pouvoir accomplir, ils soient contraints de reconnaître la grandeur de ta force en la faiblesse de ton Église, et de se prosterner devant ton Fils victorieux pour être fait l'escabeau de ses pieds. Que les tiens au contraire miraculeusement protégés, bénis et consolés pour l'amour de ton Fils, et par la grâce de ton Esprit te rendent, à toi Père leur Créateur, à toi Fils leur Sauveur, à toi Saint-Esprit leur Consolateur, honneur, louange, bénédiction, et durant cette vie en terre, et éternellement dans le ciel avec tes anges et tes saints. Amen.

Psa.67.1-7

1 Que Dieu nous fasse grâce et nous bénisse,
    Qu'il fasse luire sa face au milieu de nous,
    (Jeu d'instruments.)
2 Afin que l'on connaisse ta voie sur la terre
    Et parmi les nations ton salut !
3 Les peuples te loueront, ô Dieu,
    Tous les peuples te loueront.
4 Les nations se réjouiront et seront dans l'allégresse,
    Car tu jugeras les peuples avec droiture
    Et tu conduiras les nations sur la terre.
    (Jeu d'instruments.)
5 Les peuples te loueront, ô Dieu,
    Tous les peuples te loueront.

6 La terre a donné son fruit :
   Dieu, notre Dieu, nous bénira.
7 Dieu nous bénira,
   Et toutes les extrémités de la terre le craindront.

Psa.90

1 Seigneur, tu nous as été une retraite d'âge en âge !
2 Avant que les montagnes fussent nées,
   Et que tu eusses formé la terre, la terre habitable,
   D'éternité en éternité, tu es le Dieu fort.
3 Tu réduis l'homme mortel en poussière,
   Et tu dis : Fils d'hommes, retournez !
4 Car mille ans sont à tes yeux
   Comme le jour d'hier, quand il n'est plus,
   Et comme une veille dans la nuit.
5 Tu les emportes comme par un torrent, ils sont un songe ;
   Au matin, ils se renouvellent comme l'herbe ;
6 Au matin, elle fleurit et se renouvelle ;
   Le soir, on la coupe, et elle sèche.

7 Car nous sommes consumés par ta colère,
   Epouvantés par ton courroux.
8 Tu as mis devant toi nos iniquités
   Et devant la lumière de ta face nos fautes cachées.
9 Car tous nos jours s'en vont par ton courroux,
   Et nous exhalons nos années comme un souffle.
10 Les jours de nos années : c'est soixante-dix ans,
    Et pour les plus robustes, quatre-vingts ans,
Et ce qui en fait l'orgueil n'est que tourment et vanité,
    Car il s'en va soudain, et nous nous envolons.
11 Qui prend garde à la force de ta colère
    Et à ton courroux, selon la crainte qui t'est due ?
12 Enseigne-nous si bien à compter nos jours,
    Que nous en ayons un cœur sage !

13 Reviens, ô Éternel ! Jusques à quand... ?
    Et repens-toi en faveur de tes serviteurs !
14 Rassasie-nous dès le matin de ta bonté,
    Et nous chanterons d'allégresse ;
    Nous nous réjouirons tout le long de nos jours.
15 Réjouis-nous à proportion des jours que tu nous as affligés

Et des années où nous avons connu le malheur.
16 Que ton œuvre apparaisse en faveur de tes serviteurs
    Et ta gloire sur leurs fils,
17 Et que la bienveillance du Seigneur notre Dieu soit sur nous !
    Affermis pour nous l'œuvre de nos mains,
    Oui, affermis l'œuvre de nos mains !

20

Prière en la calamité publique de l'Église.

SEIGNEUR LE DIEU FORT, le grand, le terrible, qui visite l'iniquité des pères sur les enfants, et qui garde l'alliance et la gratuité à ceux qui aiment et qui gardent tes commandements, en cette générale angoisse nous épandons nos âmes en ta présence, pour te confesser nos péchés, t'en demander pardon, et conjurer par le précieux sang de ton Fils tes compassions éternelles, de détourner, s'il est possible, ta colère de dessus nous, afin que nous ne demeurions pas accablés sous ces horribles maux qui nous pressent.

Ô Dieu, où es-tu maintenant ? Où est ta jalousie, et ta force, et l'émotion bruyante de tes entrailles, et tes compassions, qui en tant d'autres occasions se sont rendues propices à nos vœux, et à ce coup se sont retenues en notre endroit ? Ô Éternel ne sois point ému à indignation outre mesure, mais regarde des cieux et vois de l'habitation de ta sainteté et de ta gloire les désolations de ton sanctuaire, et l'oppression de ton pauvre peuple. Hélas ! misérables que nous sommes, si tu regardes à nos péchés et aux ingratitudes dont nous t'avons payé après tant et tant de bienfaits, nous avons bien mérité ce châtiment. Car non seulement tu nous as comblé de tous les biens que tu fais au commun des hommes, mais tu nous as retirés de la puissance des ténèbres, de la maison de servitude, du bourbier de l'idolâtrie, et amenés en ta maison pour y jouir de la liberté de tes vrais enfants, y entendre ta voix, y recevoir tes sacrements, et en t'y servant purement parvenir à l'héritage de ton royaume. Tes adversaires et les nôtres ont souvent tenu des conseils, fait des ligues, dressé des armées pour nous exterminer. Et il leur était très facile : car nous n'étions qu'une petite poignée de gens, destitués de tout appui et de tout secours quant au monde. Mais tu as été notre défenseur contre tous leurs efforts, et tu as fait triompher ta force en notre infirmité. Car tu as marché comme notre chef devant nous, tu as étonné nos ennemis par les épouvantements de tes tourbillons, tu as rompu leurs arcs étincelants, brisé leurs hallebardes, enfoncé leurs boucliers, brûlé leurs chariots, et fait fondre leurs forces comme la cire se fond devant le feu. Tu as rempli leur face d'ignominie et les nôtres de joie et de gloire, et après toutes ces agitations et ces troubles, tu nous as rendu notre état plus avantageux, nos supérieurs plus favorables, nos citoyens plus doux, et notre liberté plus assurée qu'auparavant. Par ces merveilles, ô bon Dieu, tu as magnifié ton grand Nom, et rendu admirable tes gratuités sur nos pères premièrement, et puis aussi sur nous. Car ce n'est pas notre épée, ni notre bras, qui nous a délivrés, mais ta dextre et ton bras, et la lumière de ta face, parce que tu as mis ton affection en nous. Mais nous avons bientôt, ingrats que nous sommes et te méconnaissant, mis en oubli tes bontés et nos délivrances. Car nous sommes depuis longtemps déchus de notre zèle ancien, nous avons perdu notre première charité, nous avons trempé en tous les péchés, et en toutes les abominations des profanes, nous nous sommes détournés en arrière de tes commandements, et de tes jugements, et nous n'avons point écouté sur cela les admonitions et les censures de tes ministres qui nous avertissaient en ton Nom, dont l'exécration et le serment écrit en ta loi devaient justement fondre sur nous.

Tu l'as vu ; car tes yeux sont ouverts sur tout le train des enfants des hommes, pour rendre à tout un chacun selon son train et selon le fruit de ses actes. Ce nonobstant tu nous as supporté par une incomparable bonté, tu nous as continué le cours de tes faveurs, tu as envoyé vers nous tes serviteurs pour nous prêcher ta volonté, nous exhorter à la repentance, nous présenter ta grâce au cas où nous nous amenderions, et en cas d'obstination nous avertir de ta colère ; essayant en toute façon, ou de nous fléchir par douceur, ou de nous sauver par frayeur, comme nous arrachant hors du feu. Mais tout cela en vain ; car nous n'avons point pourtant rangé notre cœur, mais nous nous sommes toujours obstinés en notre mauvais train, ajoutant iniquité sur iniquité, comme pour nous rendre au double enfants de la géhenne. Nous avons bien fait pour l'extérieur profession de ta vérité et de ton service, mais en réalité, nous nous sommes tous les jours rendus plus rétifs à ton obéissance, plus profanes en nos propos, plus dissolus en nos plaisirs, plus déloyaux en nos conventions, plus impitoyables envers nos frères, plus inexorables en nos vengeances, plus tendus enfin à tout mal.

Pourtant c'est justement que tu as mis aujourd'hui devant toi nos iniquités, et devant la clarté de ta face nos fautes cachées. Ô Dieu à toi est la justice, et à nous la confusion de face. Mais cependant, ô Éternel, tu es notre Créateur, et nous l'ouvrage de tes mains ; tu es notre pasteur, et nous ta bergerie ; tu es notre père, et nous tes enfants. Pourrais-tu bien souffrir, toi qui es si clément si miséricordieux, que nous qui sommes ton œuvre, ta bergerie et tes enfants, non seulement en ta présence, mais par ton ordonnance soyons exterminés pour jamais ? Pourrais-tu bien souffrir que les ennemis de ton peuple entrent en ton héritage, qu'ils donnent les corps de tes serviteurs aux oiseaux des cieux, et la chair de tes bien-aimés aux bêtes de la terre, qu'ils épandent notre sang comme de l'eau, sans qu'il y ait personne qui nous ensevelisse ? Pourrais-tu bien souffrir, ce qui est pire que tout cela, qu'ils polluent les pavillons dédiés à ta gloire, qu'ils éteignent ta vérité, et que ton nom soit exposé à leurs injures, et à leurs moqueries ? N'épargnerais-tu point ce grand peuple dans lequel il y a un si grand nombre de pauvres petites créatures humaines qui ne savent pas ce qu'il y a à dire entre leur main droite et leur main gauche, toi qui épargne même jusqu'aux bêtes ? N'épargnerais-tu point ceux de tes enfants qui en cette générale corruption n'ont point souillé leurs vêtements, mais ont gémi et affligé leurs âmes justes pour les abominations qu'ils voyaient, toi qui a promis si ample récompense à leur intégrité ?

Nous ne sommes que poudre et cendre, mais permets-nous encore, Seigneur, cette hardiesse de te parler. N'épargnerais-tu point pour l'amour de ceux-là, tant de pauvres pécheurs leurs concitoyens, qui aveuglés par leurs passions ne savent ce qu'ils font ? Toi qui pour dix justes as été prêt d'épargner Sodome ? Hélas, Seigneur, ce n'est pas en cela qu'il nous faut avoir notre confiance. Car même aux plus enfants il n'y a aucune innocence, non pas même en l'enfant d'un jour, parce qu'ils sont tous enfants de colère, tous conçus dans le péché, tous irrités en iniquité. Même les plus saints n'ont aucun mérite, parce qu'ils avouent eux-mêmes qu'ils ont tous péché contre toi, et que toutes leurs justices sont comme un drap souillé de sang. Depuis la plante des pieds jusqu'au-dessus de la tête, il n'y a rien d'entier en nous, ce n'est rien que blessure, que meurtrissure et plaie purulente.

Et pourtant nous ne te présentons point nos requêtes à cause de nos justices, mais à cause de tes grandes compassions, et de l'alliance de grâce que tu as contractée avec nous en ton Fils bien-aimé. C'est en ce Fils, en ce Fils unique seulement qu'il se trouve de l'innocence et du mérite pour apaiser ta colère, que nos péchés ont si fort embrasée. Ô Dieu de notre délivrance, aide-nous pour l'amour de lui, et sois propice à nos péchés pour l'amour de la gloire de ton grand Nom. Ne nous rappelle point les iniquités auparavant commises, que tes compassions nous préviennent rapidement car nous sommes devenus fort chétifs, fort pauvres, et fort désolés. Remets-nous en repos, ô Père de miséricorde, et fais évanouir le déplaisir que tu as contre nous. Pourquoi les infidèles diraient-ils : « où est leur Dieu ? » Comme si par leur force ils t'avaient arraché du trône où tu sièges de toute éternité ? Pourquoi voyant notre condition n'être en rien meilleure que celle des peuples parmi lesquels tu ne domines point dès longtemps, et sur lesquels ton saint Nom n'est point réclamé, se glorifieraient-ils en insultant à nos misères et blasphémant contre ta vérité ? Quand ils nous vexent sans que tu t'en remues, ils disent en leur cœur que tu n'en feras point d'enquête, et qu'il n'y a rien en toi qui tende à notre délivrance. Fais-les mentir, ô Éternel ; et leur montre en effet que tu es à l'entour de nous un bouclier, notre gloire et celui qui nous fait lever la tête. Aiguise ton épée, bande ton arc, apprête tes armes mortelles, et mets en œuvre les flèches de ta colère contre tous ces ardents persécuteurs. Qu'ils déchoient de leur conseil, que leurs outrages et leurs violences leur retournent dessus la tête, et que la vengeance de tant de sang de tes bons serviteurs qu'ils répandent si barbarement, en divers endroits de la terre, soit manifestée en notre présence parmi les nations.

Car ils ne nous persécutent pas pour nos fautes, mais pour ton Nom. Ce n'est pas pour ce que nous t'avons déplu qu'ils nous font la guerre ; mais parce que nous n'avons pas voulu te déplaire, en adorant avec le bois et la pierre. Le but de leurs armes n'est pas d'abattre nos maisons, ou de massacrer nos personnes, mais de mettre ton sanctuaire par terre, et d'étouffer, s'il leur était possible, ta vérité. Car quant à nos personnes, très volontiers ils nous laisseraient vivre en paix, si nous voulions te renier et fléchir nos genoux devant les objets qu'ils adorent. Mais ils ne peuvent endurer cette religion selon laquelle tu veux être servi. C'est ta cause, ô grand Dieu, soutiens-la par ton bras puissant, et défends-nous pour l'amour d'elle contre tous ces méchants ; afin que voyant et sentant la faiblesse de leur dessein, et la puissance de ton bras, ils rougissent et soient confus ; que nous au contraire, qui nous sommes fiés en toi, triomphons de ta délivrance, et marchions à bannière déployée au nom de notre Dieu, et que tout le monde connaisse que tu domines en ton Église, que tu la soutiens par ta providence, et que toutes les portes d'enfer ne peuvent rien contre elle. Seigneur exauce, Seigneur pardonne, Seigneur sois attentif et agis, ne tarde point à cause de toi-même, mon Dieu. Car ton nom a été invoqué sur nous, auquel soit gloire et louange aux siècles des siècles.

Psaume.80

1 Pasteur d'Israël, prête l'oreille ;
    Toi qui mènes Joseph comme un troupeau,
Toi dont le trône est entre les chérubins,
    Apparais dans ta splendeur !
2 Devant Ephraïm, Benjamin et Manassé déploie ta force
    Et viens à notre secours !
3 O Dieu ! rétablis-nous ;
    Fais luire ta face, et que nous soyons sauvés !

4 Éternel, Dieu des armées !
    Jusques à quand sera-ce la fumée de ta colère
    Qui répondra à la prière de ton peuple ?
5 Tu les nourris d'un pain de larmes,
    Tu les abreuves de larmes à pleine mesure.
6 Tu fais de nous le but des attaques de nos voisins,
    Et nos ennemis se rient de nous entre eux.
7 Dieu des armées, relève-nous !
    Fais luire ta face, et que nous soyons sauvés !

8 Tu avais enlevé d'Egypte une vigne ;
    Tu avais chassé des nations, et tu l'avais plantée,
9 Tu avais fait place nette devant elle,
    Elle avait jeté ses racines et rempli la terre ;
10 Les montagnes se couvraient de son ombre,
    Et ses sarments [étaient comme] des cèdres de Dieu.
11 Elle étendait ses pampres jusqu'à la mer
    Et ses rejetons jusqu'au fleuve.

12 Pourquoi as-tu rompu ses clôtures,
    De sorte que tous les passants la dépouillent,
13 Que le sanglier de la forêt la ravage,
    Et que les bêtes des champs s'en repaissent ?
14 Dieu des armées, reviens !
    Regarde des cieux, et vois ! Et visite cette vigne !
15 Protège ce que ta droite a planté
    Et le fils que tu as fortifié pour toi !

16 Elle est la proie du feu, elle est coupée,
    Ils périssent devant le courroux de ta face.
17 Que ta main soit sur l'homme de ta droite,

Sur le fils de l'homme que tu t'es choisi !
18 Et nous ne nous détournerons point de toi ;
Fais-nous revivre, et nous invoquerons ton nom !
19 Éternel, Dieu des armées, rétablis-nous !
Fais luire ta face, et que nous soyons sauvés !

21

Prière pour l'État.

SEIGNEUR, qui est l'auteur et le conservateur des États, aie pitié de celui-ci ; et encore que par ses impiétés, par ses blasphèmes, par ses meurtres et par ses dissolutions, il ait en tant de sortes et durant tant d'années méconnu tes bienfaits, et provoqué ta colère pardonne-lui tous ses péchés en ta miséricorde, guérit les maladies de ses entrailles, consolide les plaies dont son pauvre corps est couvert, et le conserve pour l'amour de tant de fidèles, qui t'y adorent de bon cœur et qui affligent leurs âmes justes pour les abominations qu'ils y voient.

Comme par ta bonté tu lui as donné un bon roi, veuille lui en continuer la jouissance durant de longues années. Couvre sa personne sacrée et toute la maison royale de l'ombre de tes ailes, donne-lui tes saints anges pour gardes de son corps. Et comme jusqu'ici tu as protégé son État contre les desseins et les attentats de tous ses ennemis, continue-lui à l'avenir cette même faveur afin que voyant son royaume prospérer sous son sceptre, il ait sujet d'y reconnaître ta conduite et de se consacrer avec tout son État au service de ta majesté. Donne-lui des ministres et des conseillers zélés à ton service, et fidèles au sien ; afin qu'il en soit soulagé et heureusement assisté en la conduite de son peuple.

Etablis par tout le royaume des gouverneurs et des magistrats capables, gens de bien, remarquables, non par leur écarlate et par leurs sièges éminents mais par leur piété et par l'éminence de leur justice. Rappelle-leur à toutes heures que tout ce qu'ils ont de puissance, ils le tiennent de toi, et pour le bien des tiens, que ceux dont tu leur as soumis les biens, les honneurs et les vies sont tes créatures et tes sujets, que la justice ou l'injustice qu'ils leur font ils la leur font en ta présence, et en rendront compte devant ton trône. Inculque-leur sans cesse ta loi, tes menaces, tes jugements, afin qu'ils tremblent en ta présence comme en la présence du Roi des rois. Fais que de leur côté ils nous témoignent le soin et le support qu'ils nous doivent comme à tes enfants, et que nous aussi leur rendions le respect et l'obéissance que nous leur devons comme à tes ministres, afin que par leur juste commandement et par notre franche obéissance tu sois glorifié et l'État florissant en toute sorte de grâce et de félicité.

Conserve-nous la paix que nous avons par son support, et nous fais la grâce de vivre en sorte avec nos citoyens qu'il ne soit plus mémoire de toutes nos haines passées mais que nous aimant comme frères, nous attirions sur nous toutes tes bénédictions et que par notre union nous devenions invincibles et redoutables à tous les ennemis de cette couronne. Fais-le, ô souverain Roi, pour la gloire de ton grand Nom, afin qu'en ce royaume nous ayons tout sujet de te servir avec zèle et que finalement au royaume des cieux nous te glorifions en joie avec tous les saints.

Psaume 20

Prière du peuple pour son roi

1 Au maître chantre. Psaume de David.

Que l'Éternel te réponde au jour de la détresse !
    Que le nom du Dieu de Jacob te mette en un lieu élevé !
2 Qu'il t'envoie du secours de son sanctuaire,
    Et que de Sion il soit ton appui.

3 Qu'il se souvienne de toutes tes offrandes,
    Et qu'il accepte comme agréables tes holocaustes.
    (Jeux d'instruments.)
4 Qu'il te donne ce que ton cœur désire
    Et qu'il accomplisse tous tes desseins !

5 Puissions-nous célébrer avec cris de joie ta délivrance
    Et lever l'étendard au nom de notre Dieu !
    Que l'Éternel accomplisse toutes tes demandes.

6 Maintenant je sais que l'Éternel a délivré son oint,
    Qu'il lui répondra des cieux de sa sainteté
    Par les éclatantes délivrances de sa droite.

7 Ceux-ci se glorifient de leurs chars de guerre, ceux-là de leurs chevaux,
    Mais nous, nous nous glorifions du nom de l'Éternel notre Dieu.
8 Eux, ils plient, et ils tombent,
    Nous, au contraire, nous nous levons et nous demeurons debout.
9 O Éternel, délivre !
    Que le Roi nous exauce au jour où nous l'invoquons !

2Chroniques.6.21-31

Prière du roi pour son peuple

21 Et tu entendras les supplications de ton serviteur et de ton peuple d'Israël, qu'ils adresseront vers ce lieu, et toi, tu entendras, du lieu de ta demeure, des cieux ; tu entendras et tu pardonneras.

22 Si quelqu'un a péché contre son prochain, et qu'on lui intime serment pour le faire jurer, et qu'il vienne prêter serment devant ton autel dans cette maison, 23 toi, écoute des cieux, agis et juge tes serviteurs en punissant le coupable et en faisant retomber sa conduite sur sa tête, en justifiant l'innocent et en lui rendant selon son innocence !

24 Si ton peuple d'Israël est battu par l'ennemi, pour avoir péché contre toi ; s'ils reviennent [à toi] et rendent gloire à ton nom, et qu'ils t'adressent leurs prières et leurs supplications dans cette maison, 25 toi, exauce des cieux, pardonne le péché de ton peuple d'Israël et ramène-les dans le pays que tu as donné à eux et à leurs pères !

26 Quand le ciel sera fermé et qu'il n'y aura point de pluie, parce qu'ils auront péché contre toi ; s'ils t'adressent leurs prières vers ce lieu et rendent gloire à ton nom, [et] s'ils se détournent de leurs péchés parce que tu les auras affligés, 27 toi, exauce des cieux et pardonne le péché de tes serviteurs et de ton peuple d'Israël, à qui tu avais enseigné le bon chemin par lequel ils devaient marcher, et envoie de la pluie sur ton pays que tu as donné en héritage à ton peuple !

28 Quand il y aura dans le pays famine ; quand il y aura peste, brûlure, charbon, quand il y aura sauterelles ou criquets ; quand ses ennemis serreront de près [ton peuple] dans son pays, dans ses portes ; quand il y aura toute espèce de fléau ou de maladie ; 29 s'il arrive qu'un homme ou que tout ton peuple d'Israël fasse entendre des prières ou des supplications, qu'ils reconnaissent chacun sa plaie et sa douleur, et qu'ils étendent leurs mains vers cette maison, 30 toi, exauce des cieux, du lieu de ta demeure, et pardonne ; et rends à chacun selon toutes ses voies, toi qui connais le cœur de chacun, car seul tu connais le cœur des fils des hommes, 31 afin qu'ils te craignent, marchant dans tes voies, tout le temps qu'ils vivront dans le pays que tu as donné à nos pères !

22

Oraison brèves pour dire à toutes heures.

Oraison au Père

Dieu de mon espérance prends-moi en ta protection, et comme tu es l'auteur de ma vie sois-en aussi le conducteur, afin que je vive en ta crainte, que je meure en ta grâce et que finalement je règne avec ton Fils en ta gloire.

Oraison au Fils

Ô Soleil de justice, qui porte santé entre tes ailes, darde sur ma personne les salutaires rayons de ta grâce, éclaire-moi par ta lumière, vivifie-moi par ta justice, embrase-moi de ton amour, afin que te connaissant, t'aimant et te servant de toute mon affection, et cheminant en ta présence comme vrai enfant de lumière, j'ai communion là-haut à la lumière de ta gloire.

Oraison au Saint-Esprit

Ô Souverain Consolateur, auteur unique de lumière, de sainteté, et de joie, enseigne, anime, et fortifie mon âme, préserve-la de toute tentation à mal faire, fais-la fructifier en toutes bonnes œuvres, et me donne la grâce que me représentant continuellement comme ce monde passe et sa convoitise, je n'y attache point mon cœur, mais qu'oubliant les choses qui sont en arrière, et m'avançant vers celles qui sont devant, je tende vers le but, au prix de ta suprême vocation en Jésus-Christ, mon Rédempteur.

Autre oraison à Dieu

Dieu de miséricorde, pardonne-moi tous mes péchés passés, couvre tous mes vices présents, garde-moi de tous ceux où je pourrais tomber, et me donne par ta bonté autant de bien, comme j'ai mérité de mal, afin qu'autant que j'ai fait auparavant de mal quand j'étais conduit par ma chair, autant je fasse à l'avenir de bien, étant conduit par ton Esprit, et que pour l'amour de ton bien-aimé, et malgré mon indignité, je puisse jouir ici-bas de ta grâce, et là-haut enfin de ta gloire.

23

Brève oraison du fidèle approchant de la mort.

SEIGNEUR JÉSUS, reçois mon âme, qui citée aujourd'hui devant le trône de ton Père, s'enfuit entre tes bras pour éviter la peine que ses péchés ont mérité. Rassure-la par ton Esprit, console-la par tes promesses, lave-la dans ton sang, revêts-la de tous tes mérites, et la prépare par une vraie repentance de ses péchés, et par une ferme confiance en ta dilection à comparaître dignement en la présence de son juge.

Ô cœur plein de miséricorde qui m'as si charitablement pardonné mes offenses, fléchis le mien à pardonner à mes frères ; fléchis le leur à me pardonner pareillement ; fléchis enfin celui du Père à pardonner et à eux et à moi selon sa grande miséricorde afin que mes péchés ne m'étant point imputés devant lui, mais ta seule justice m'étant gratuitement allouée, je reçoive aujourd'hui le fruit de ton amour et de mon espérance. Qu'enfin, bon Sauveur, je te voie de mes yeux, que je t'embrasse de mes mains, que je te possède de tout mon cœur, et qu'en une si douce et si heureuse jouissance je te glorifie et te bénisse aux siècles des siècles.

Psaume.27.8-9

8 Mon cœur me dit de ta part : Cherchez ma face !
　Je chercherai ta face, ô Éternel.
9 Ne me cache pas ta face,
　Ne rejette pas avec colère ton serviteur.
　Tu as été mon aide !
Ne me repousse pas et ne m'abandonne pas,
　Dieu de ma délivrance ;

Psaume.56.8,9,11,13

8 Mon cœur me dit de ta part : Cherchez ma face !
　Je chercherai ta face, ô Éternel.
9 Ne me cache pas ta face,
　Ne rejette pas avec colère ton serviteur.
　Tu as été mon aide !
Ne me repousse pas et ne m'abandonne pas,
　Dieu de ma délivrance ;

Psaume.56.8,9,11,13

8 Mes larmes sont recueillies dans tes vaisseaux ;
　Ne sont-elles pas inscrites dans ton livre ?
　9 Je le sais ! Dieu est pour moi.
11 En Dieu je mets ma confiance, je ne crains rien ;
　Que me ferait l'homme ?
13 Car tu as délivré mon âme de la mort,
　Tu as même préservé mes pieds de chute,
Afin que je marche en présence de Dieu
　A la lumière des vivants.

24

Prière en tout temps.

Seigneur mon Dieu, aie pitié de moi, qui bien que je ne sois qu'un pauvre pécheur, ose bien m'approcher du trône de ta grâce, pour trouver grâce et miséricorde, et pour être aidé en temps opportun. J'en suis indigne, parce que je t'ai offensé, et que je t'offense encore tous les jours en une infinité de sortes. Aussi ne me présenterai-je pas devant toi sur mes justices, mais sur tes grandes compassions, et sur la confiance que j'ai en mon Sauveur.

Puisque tu m'as fait la grâce de croire en lui, et d'être fait un avec lui par la foi, considère-moi désormais comme l'un de ses membres. Mets sa passion devant tes yeux, et mes péchés derrière ton dos. Aie plutôt égard à son mérite qu'à mon indignité, et à l'obéissance de sa mort, qu'à toutes les rébellions de ma vie ; et pour l'amour de lui fais-moi ressentir les effets de ton affection paternelle. Je t'en demande deux principalement, ô mon Dieu. L'un, que tu scelles en mon cœur l'assurance de ma réconciliation avec toi, afin qu'étant justifié par la foi, que je me tienne ferme à ta grâce, et que je me puisse glorifier en l'espérance de ta gloire. L'autre que tu me régénères par ton Esprit, afin que je lui sois rendu conforme en sainteté et en justice, jusqu'à ce qu'un jour tu me rendes conforme à lui en joie et en félicité. Pour tout le reste, je me remets absolument à la disposition de ta Providence, sachant qu'à ceux qui t'aiment toutes choses aident en bien, parce que tu les aimes. Ta volonté soit faite, et non pas la mienne. S'il te plaît de m'envoyer des biens et des contentements, donne-moi de les posséder avec une religieuse reconnaissance, et de les rapporter tout à ton service. Si au contraire tu m'envoies des maux et des ennuis, fais-moi la grâce de les supporter avec patience, et de bénir toujours ton saint Nom. Par quelque chemin que tu me mènes, fais que je te suive allègrement, et que quand je cheminerai par la vallée d'ombre de la mort, je ne craigne aucun mal, sachant que tu es avec moi, que c'est toi qui me mène, et que le lieu où tu me mènes, est ton paradis. Donne-moi, ô mon Dieu, d'en suivre toujours le chemin, et de ne m'en détourner jamais à droite ni à gauche, afin qu'après les jours courts et mauvais de ma pérégrination, je puisse parvenir à ce désirable séjour de ton repos et de ta gloire, pour y être toujours avec toi, pour y jouir de tous tes biens célestes en la compagnie de mon Sauveur, et pour t'y glorifier à jamais avec tes anges et tous les esprits bienheureux.

25

Prière pour obtenir la foi.

Seigneur, tu es mon Dieu, mon Créateur, mon Père et mon Sauveur, à qui je désire sur toutes choses de plaire. Mais je ne le puis faire sans foi, ni avoir cette foi telle que tu l'exiges de moi, si tu ne me la donnes. C'est pourquoi, je recours à toi pour te la demander, et pour te supplier de la former toi-même dans mon cœur par la lumière de ta sainte parole, et par la vertu de ton bon Esprit.

Fais-moi la grâce quand je lis et que j'entends cette parole, de croire aussi certainement, soit les choses passées que tu nous y rapportes, soit les futures que tu nous y prédis, soit les mystères et les enseignements que tu nous y exposes partout, que ce que je vois de mes yeux, que j'entends de mes oreilles, et que je touche de mes mains, et d'en avoir une si ferme persuasion que jamais, ni les difficultés que ma raison dépravée se pourrait former au contraire, ni les illusions et les prestiges de Satan, ni les sophismes des docteurs de mensonge ne soient capables de l'ébranler. Mais donne-moi surtout d'embrasser la déclaration que tu nous y fais de ta miséricorde en Jésus-Christ ton Fils, lequel tu as envoyé au monde pour sauver les pauvres pécheurs, et en qui tu nous promets et nous offres la rémission de nos péchés, le don de ton Esprit, et la vie éternelle.

Pour cet effet, donne-moi l'Esprit de révélation et de sagesse qui illumine les yeux de mon entendement, pour contempler ce grand Sauveur tel qu'il nous est révélé en ton Évangile, et pour comprendre avec tous les saints quelle est la largeur, la longueur la profondeur, et la hauteur de ta dilection en lui. Par ce divin Esprit, ô mon Dieu, applique-moi en particulier les promesses de ton Évangile et l'efficace de la mort et de la résurrection de ton Christ. Unis-moi et incorpore-moi tellement avec lui, que je ne vive plus maintenant moi, mais que ce soit lui qui vive en moi, et que ce que je vis en la chair, je le vive en la foi de ce grand Sauveur, qui m'a aimé, et qui s'est livré soi-même pour moi, et que je sois fait participant de la justification qu'il m'a acquise par sa satisfaction, de la sainteté, dont il m'a donné un si parfait exemple en sa croix, des consolations de son Saint-Esprit, et du droit que son mérite m'a obtenu à la vie éternelle, étant certain et assuré qu'il n'y a ni mort ni vie, ni ange, ni principauté, ni puissance, ni chose présente, ni chose à venir, ni hauteur, ni profondeur, ni aucune autre créature, qui me puisse séparer de l'amour que tu m'as montré en lui. Fais que j'aie de si profonds et de si vifs sentiments de ce grand amour que tu as pour moi à cause de lui, que j'en sois induit aussi à t'aimer de toute l'affection de mon cœur, et tous mes prochains pour l'amour de toi. Que je m'étudie en toutes choses à te plaire en fructifiant en toutes bonnes œuvres, qui me soient autant de preuves et d'assurances de la vérité de ma foi, et de l'habitation de ton Esprit en moi, et que vivant et mourant en cette vraie foi, j'en puisse rapporter la fin, qui est le salut de mon âme, pour te bénir et te louer éternellement avec tous les esprits bienheureux. Ainsi soit-il.

26

Prière du fidèle pour l'augmentation de sa foi.

Seigneur bon Dieu, qui es le Père des lumières duquel descend toute bonne donation, tu m'as donné la foi avec laquelle je recours au trône de ta grâce, don si grand et si précieux que je t'en suis beaucoup plus redevable que de tout ce que j'ai de bien en ce monde et de la vie même que tu m'as donnée. Mais hélas ! quand je viens à faire réflexion sur moi-même, je la trouve si mal conditionnée en toute façon, si faible en elle-même, si languissante en l'oraison, et en tous les autres exercices de piété, et si peu fertile en bonnes œuvres, que j'ai une très grande honte de te la présenter ainsi défectueuse, et beaucoup de sujet de craindre, que tu ne l'aies pas agréable. Mais parce que je sais par ailleurs que tu es un Dieu compatissant, miséricordieux, plein d'indulgence envers tes enfants ; que si tu vois la faiblesse de leur foi, tu en connais aussi la sincérité ; et qu'ayant commencé la bonne œuvre en eux tu ne la laisses jamais imparfaite ; je m'adresse à toi avec confiance, pour te prier de toute l'affection de mon âme de me la vouloir augmenter pour l'amour de ton Fils unique.

Je crois, Seigneur, mais subviens à mon incrédulité. De moi-même, je suis trop infirme pour résister à toutes les tentations qui me peuvent être livrées par Satan, par le monde, et par ma propre chair. Mais si je suis infirme, tu es puissant pour moi, et incomparablement plus puissant que je ne saurais être infirme ; et c'est ton ordinaire de manifester ta vertu en l'infirmité de tes enfants. Déploie, ô Dieu, cette tienne vertu en moi, et affermis ma foi autant que le diable tâche de l'affaiblir. Fais que l'Esprit franc me soutienne, et ne se départe pas jamais de moi. Donne-moi tous les jours de nouveaux rayons de ta lumière pour dissiper les ténèbres de mon ignorance, et les nuages de doute et de défiance qui s'y élèvent si souvent, donne-moi les effets de ta grâce, pour m'assurer en quel qu'état que je puisse être que véritablement tu m'aimes, et de nouvelles forces pour repousser avec la vigueur que je dois les assauts du malin. Prends-moi par la main, comme saint Pierre, quand tu vois que j'enfonce comme homme de petite foi. S'il m'advient de tomber comme, hélas ! il ne m'arrive que trop souvent, relève-moi aussitôt par ta grâce, assiste-moi si puissamment en tous mes combats qu'en toutes choses je demeure vainqueur, et plus que vainqueur par celui qui m'a aimé. Que si je cloche encore après la lutte, ce me soit une occasion de reconnaître ma faiblesse, de m'humilier devant toi, et d'avouer après la victoire que tu m'auras donnée, que ce n'est pas par ma vertu et par la fermeté de ma foi que je subsiste et demeure debout, mais par ta pure grâce. C'est à elle seule, ô mon Dieu, que je me recommande, afin que comme tu es l'auteur de ma foi, tu en sois aussi le consommateur, et qu'étant gardé en ta vertu par elle, je puisse obtenir un jour le salut qui doit être révélé en tous les croyants en l'apparition glorieuse de notre commun Rédempteur, qui vit et règne avec toi aux siècles des siècles.

27

*Prière du fidèle
pour sa persévérance dans la foi.*

Seigneur bon Dieu, qui par ton infinie miséricorde m'a appelé à la connaissance de ta vérité, et à la communion de ton Fils, je te rend grâce de tout mon cœur de cette grande charité que tu as eue pour moi, au lieu que tu en laisses tant d'autres dans les ténèbres de l'erreur et de l'ignorance. Mais parce que ce n'est rien d'entrer en tes voies, si on y persévère jusqu'au bout, je te supplie par tes compassions éternelles de poursuivre en moi ta bonne œuvre, en m'illuminant de plus en plus en cette sainte connaissance, en me fortifiant puissamment en l'homme intérieur, et en me donnant de persévérer jusqu'à mon dernier soupir en cette grâce à laquelle tu m'as amené. J'ai bien une disposition tout entière à vivre et à mourir en la foi et en ton amour ; mais si tu me laissais en la main de mon conseil, et que je ne tienne à toi que par moi-même, quand j'aurais pris les plus belles résolutions du monde de persévérer, et que je t'aurais juré mille fois de ne t'abandonner jamais, la légèreté et l'inconstance naturelle de mon esprit est si grande, que je succomberai infailliblement à la première tentation qui serait livrée à ma foi. C'est pourquoi, ô mon Dieu, je recours à toi, afin que comme tu me l'as donnée par ta grâce, par cette même grâce tu m'y veuilles si bien affermir par la lecture et l'écoute de ta parole et par l'opération toute-puissante de ton Esprit, qu'elle s'enracine de plus en plus en mon cœur. Que je retienne ferme jusqu'au bout la profession de mon espérance sans varier. Tu as promis à tous tes enfants de les faire persévérer en ton alliance, de ne te détourner jamais d'eux, de faire aussi qu'ils ne se détournent jamais de toi, de ne permettre point qu'aucun ne les ravisse de ta main, ni qu'ils soient tentés par-dessus ce qu'ils peuvent supporter, mais de leur donner avec la tentation l'issue, en sorte qu'ils la puissent soutenir, et de leur envoyer ton Esprit pour demeurer avec eux éternellement.

Puis donc que tu m'as fait l'un de tes enfants par ta grâce, fais-moi sentir la vérité de ces précieuses promesses, en me fortifiant de jour en jour en cette foi par laquelle tu m'as fait tien, afin que je te sois fidèle jusqu'à la mort et que j'obtienne un jour de ta main la couronne de vie. Je t'en supplie au nom de ton Fils mon Sauveur, qui est mort une fois pour ma rédemption, et qui te fait requête sans cesse pour ma confirmation en la foi. Fais, ô bon Dieu, que comme autrefois le saint feu que tu avais allumé du ciel sur ton autel, ne s'éteignait jamais, étant entretenu continuellement par le soin des sacrificateurs qui faisaient ton service en ton temple ; aussi que cette divine flamme que tu as allumée en mon cœur y soit conservée à toujours par l'intercession de notre grand et souverain sacrificateur, qui ne cesse de te prier que la foi de tous ceux que tu lui as donnés, ne défaille point, mais que tu les gardes en ton Nom, et les sanctifies par ta vérité, afin qu'ils soient faits un avec lui, et par lui avec toi. Pour l'amour de lui, ô Père de grâce, ne permets point qu'il y ait jamais rien qui l'éteigne en mon âme ni qu'ayant commencé par l'Esprit je vienne à finir par la chair.

Si l'esprit malin et ses faux prophètes viennent à m'attaquer, prémunis-moi par ton Esprit contre toutes leurs ruses, défends-moi par ton bras puissant contre tous leurs efforts, et montre en ma persévérance, et en celle de tous mes frères, que si l'esprit qui est au monde est grand en toute séduction, tu es encore incomparablement plus grand pour leur donner de surmonter toutes les séductions de Satan et de ses émissaires. Si le monde s'efforce à me gagner par ses caresses et par les appâts des richesses et des dignités de la terre, ou à m'effrayer par ses menaces et par ses persécutions, donne-moi de lui résister avec la vigueur que je dois, sans me laisser jamais ni allécher, ni terroriser par tout ce qu'il me saurait proposer, et de demeurer toujours constant en ton obéissance.

Que ma foi ne soit point comme une chandelle que le moindre vent peut éteindre, mais comme une puissante flamme que les vents augmentent au lieu de l'amortir. Quelle luise et brûle jour et nuit, et que la fumée de ses sacrifices monte continuellement devant toi. Qu'en cette foi je vive et meure dans la communion de ta vraie Église, étant comme une ferme colonne en ton temple, et portant écrit sur moi le nom de mon Dieu et le nom de la cité de mon Dieu. Les apostats au temps des persécutions en sortent, et quittent ton service pour chercher d'autres maîtres, avec qui ils soient mieux. Mais moi, Seigneur, je t'ai demandé une chose, et te la demanderai toujours, c'est que je demeure en ta maison tous les jours de ma vie, croyant et espérant en toi seul, et n'adorant aucun autre que toi. Tu m'as fait cette grâce jusqu'ici, m'ayant percé l'oreille et cloué à ta porte, comme étant tout à fait à toi. Fais-la moi jusqu'à la fin et qu'il ne m'arrive jamais d'être si malheureux et si insensé que de te vouloir quitter pour m'en aller ailleurs. Où irai-je, Seigneur ? Tu as les paroles de la vie éternelle.

Seigneur je serai toujours avec toi, tu m'as pris par la main droite, tu me conduiras par ton conseil, et puis tu me recevras en gloire. Je n'ai nul autre au ciel que toi, en la terre je ne prends plaisir en nul autre qu'en toi. Certainement tous ceux qui se détournent de toi, périront ; mais pour moi me retenir à toi, c'est mon bien pour te servir en cette vie tant qu'il te plaira à m'y tenir, et te bénir en l'autre quand tu m'y auras recueilli avec tes anges, et avec tous les esprits bienheureux.

28

Prière d'un fidèle persécuté tout de suite après sa conversion.

Mon Seigneur et mon Dieu, je te rends grâce de tout mon cœur, de ce que tu as ouvert les yeux de mon entendement pour reconnaître ta sainte vérité, et de ce que tu m'as donné le courage l'ayant cru de cœur à justice d'en faire confession de bouche à salut. Grâces et bénédictions immortelles t'en soient rendues, et que toute ma vie ne soit plus désormais qu'une continuelle reconnaissance de cette grande charité que tu as eue pour moi.

Mais en te remerciant de cette grâce, je t'en demande une autre, que comme tu m'as assisté au commencement dans le combat que j'avais avec mes propres affections, tu m'assistes aussi maintenant dans celui que j'ai avec le monde, qui se soulève contre moi, parce que je l'ai quitté pour te suivre. Ce qu'il fait contre moi, ne me doit point scandaliser, parce que Jésus-Christ ton Fils nous a prédit il y a longtemps que nous serions haïs de tous à cause de son Nom, et que la première leçon qu'il nous a donnée, est que si nous voulons aller après lui, nous renoncions à nous-mêmes et chargions sur nous notre croix. Il ne m'arrive rien en cela qui ne lui soit arrivé à lui-même. Tant qu'il vivait en la maison de Joseph et de Marie, sans publier ta vérité au monde, le monde le laissait en paix. Mais dès que tu as prononcé du ciel en son baptême qu'il était ton Fils bien-aimé, et qu'il s'est voulu disposer à exercer sa charge, il a été tenté par le diable, et a souffert toutes sortes de contradictions des pécheurs. Tes meilleurs serviteurs ont éprouvé la même chose. Tant que Moïse a vécu comme un homme du monde en la cour d'Égypte, il a été bien vu et caressé de tous. Mais dès qu'il a quitté cette cour, et qu'il s'est joint à la communion de ton peuple, estimant plus grandes richesses l'opprobre de Christ que les trésors d'Égypte, il a été persécuté des Égyptiens, et rejeté fièrement des siens même. Tant que David n'a été considéré que comme un berger qui ne songeait qu'à paître les troupeaux de son père, on ne lui a point donné d'ennui. Mais dès que tu l'as oint de ta sainte huile par le ministère de ton prophète, et que tu as commencé à montrer ta vertu en lui, il a eu à combattre, non seulement contre les Philistins, mais contre l'envie de Saül et de ses courtisans, et il a eu sur les bras toutes les forces du royaume. Tant que saint Paul a vécu dans le pharisaïsme, il y a été en honneur et en prospérité. Mais dès que tu l'as appelé à la connaissance de l'Évangile, et à l'apostolat, tout le monde s'est mutiné contre lui ; et ceux qui auparavant l'aimaient et l'honoraient le plus, lui ont montré une haine diabolique.

Si le monde, qui est toujours semblable à soi-même, me fait un pareil traitement, je ne le devrai point trouver étrange. Mais je suis homme, et ma chair est infirme. Elle ne peut qu'être surprise d'un si grand et si subit changement de sa condition. Étant homme comme je suis, comment ne serais-je point étonné de m'être vu, il n'y a que trois jours, dans l'amitié et dans l'estime des mes concitoyens, sans y avoir aucun ennemi, et de me voir maintenant dans leur haine, et dans leurs exécrations, sans y avoir aucun ami, duquel je puisse faire état et attendre quelque secours et quelque consolation ; de voir tant de gens à qui je n'ai jamais fait déplaisir, travailler à me perdre, ou en me faisant faire naufrage en la foi, ou en me ruinant dans le monde ; de voir mes parents et mes alliés, et même ceux de ma maison, s'aliéner de moi, et ne me vouloir point reconnaître ?

Dans cette furieuse tempête, mon Dieu, je recours à toi comme à mon refuge, et te recommande mon âme, comme à mon fidèle Créateur. Tu nous as dit en ta parole, que quand tu prends plaisir aux voies de l'homme, tu apaises ses ennemis envers lui ; apaises donc les miens envers moi, s'il est nécessaire pour mon salut. Change leur le cœur et la volonté, et leur donne des affections plus humaines en mon endroit. Ou s'ils demeurent obstinés en leur malice contre moi, ôte-leur le moyen de me nuire, me protégeant puissamment contre leur fureur, et me retirant dans tes lieux secrets, jusqu'à ce que l'indignation soit passée. Que si pour m'éprouver tu me veux faire ressentir quelqu'effet de leur mauvaise volonté, abaissant ma condition dans le monde, et me faisant porter l'opprobre de ton Fils, fais-moi la grâce de le porter non seulement avec humilité et avec patience, mais avec joie et avec gloire. Multiplie tes consolations en mon cœur à proportion des souffrances et des afflictions de ma chair, afin qu'à mesure que l'homme extérieur se détruira en moi, l'intérieur s'y renouvelle de jour en jour. Fortifie tellement mon esprit par la vertu du tien, que ni les menaces, ni les fureurs de ceux qui me haïssent à cause de toi, ne puissent jamais ébranler ma foi, ni affaiblir mon espérance. Que je me représente qu'ils ne sont que des hommes, et que tu es le Dieu fort, qu'à qui tu veux aider rien ne saurait nuire, et que toutes choses aident en bien à tous ceux qui t'aiment. Que quelque passion qu'ils aient contre moi, je fasse état que toi seul tu me feras incomparablement plus de bien qu'ils ne sauraient me vouloir de mal ; qu'ils me maudiront, mais que tu me béniras ; que quand mon père et ma mère m'auraient abandonné, tu me recueilleras ; qu'après quelque temps de souffrance tu prendras pitié de ma faiblesse, et me soulageras ; que quand même mes agitations devraient durer toute ma vie, d'une vie si courte, les maux ne sauraient être longs, que les souffrances du temps présent ne sont point à comparer à la gloire à venir. Et qu'après que j'aurai combattu le bon combat, parachevé ma course, et gardé la foi, tu me rendras selon ta promesse la couronne de justice que tu réserves à ceux qui aiment ton apparition.

En cette espérance, mon Dieu, je me remets entre tes mains, pour être tien à vivre et à mourir ; et quelque chose qui m'arrive, je m'estimerai toujours assez heureux, pourvu que tu m'aimes, et que je t'aime. Fais-le, ô bon Dieu, pour l'amour de ton Fils unique, auquel avec toi et le Saint-Esprit, soit honneur et gloire aux siècles des siècles.

29

Prière pour obtenir l'espérance.

Seigneur bon Dieu, qui a promis à tous ceux qui croiront en toi, ta bénédiction en ce siècle, et ta félicité en l'autre, comme tu m'as donné de croire la vérité de ta promesse, affermis en de plus en plus la certitude en mon cœur, et me donne d'en désirer l'effet avec ardeur et de l'attendre avec une ferme espérance. Je suis enclin naturellement à la défiance, mais veuille subvenir par la vertu de ton Esprit à la faiblesse de ma chair ; et à mesure qu'elle me suggère des matières de doute, fournis-moi au contraire des arguments de confiance.

Que je me représente que tu n'es pas comme les hommes, ni tes promesses comme les leurs ; qu'ils sont menteurs et que tu es le Dieu de vérité ; que souvent ils promettent ce qu'ils n'ont pas l'intention de tenir, et que souvent aussi, encore qu'ils l'aient promis sincèrement, ils manquent à leurs paroles, ou parce que la puissance leur manque, ou parce qu'ils ont changé de volonté ; mais que toutes tes paroles sont très sincères, tes conseils immuables, et ta volonté toute-puissante ; que tu fais tout ce qu'il te plaît au ciel et sur la terre, et que tu accomplis en efficace toute chose selon le conseil de ta volonté.

Que je me souvienne de tant d'illustres preuves de ta fidélité, que tu as données de tout temps à ceux qui ont espéré en toi, et celles que tu m'as données tant de fois à moi-même. Que sachant que tu ne changes point, mais que tu demeures toujours semblable à toi-même, je prenne le passé pour caution de l'avenir, et sois aussi assuré des grâces que j'espère de toi, bien que je n'ai encore que la promesse, que si j'en avais déjà la jouissance.

Pour ce qui est de la vie présente, en quelque état que je me trouve maintenant, ou à l'avenir, ne permets point que j'entre jamais en défiance du secours et de l'assistance dont tu connais que j'ai besoin, ni que je sois en peine des moyens de subsistance ; mais fais que, comme ton enfant, je m'en repose entièrement sur ton soin paternel et sur la sagesse de ta conduite, m'assurant que si tu daignes bien pourvoir au moindre passereau, et aux petits du corbeau qui crient à toi, la vie de tes enfants t'est bien plus précieuse, et que m'ayant reçu en ce nombre tu ne me laisseras point avoir faute de pain quotidien que je te demande tous les jours au nom de ton Fils. Et que quand je serais dans le plus stérile désert de la terre, tu m'enverrais plutôt la manne du ciel, et me changerais plutôt les rochers en fontaines, que de me laisser mourir de faim et de soif. Tu t'es chargé de moi dès ma conception, et ton soin assidu a gardé mon esprit dès la mamelle de ma mère jusqu'à maintenant. Dieu de mon espérance donne-moi de me fier plutôt à ce soin que tu as toujours eu de moi, qu'à ma propre industrie et à tout ce que je pourrais avoir d'assistance des hommes et de la nature ; et que cette promesse que tu as faite aux fidèles : « Je ne te délaisserai point, et je ne t'abandonnerai point », me tienne lieu de toutes les provisions du monde.

Fais-moi la grâce aussi en mes maladies, et en toutes mes autres afflictions, quelques grandes et longues qu'elles puissent être, de ne murmurer jamais contre toi, et de ne perdre jamais courage, sachant que mes maux ne sauraient être si grands que ta bonté et ta puissance ne le soient incomparablement davantage ; mais de me souvenir de ce que tu as promis à celui qui se retire à toi, que puisqu'il t'aime affectueusement, tu le délivreras ; que tu le mettras en une haute retraite, parce qu'il connaît ton Nom ; que quand il te réclamera, tu l'exauceras ; que tu seras avec lui, quand il sera en détresse ; que tu l'en sortiras, et le glorifieras, et lui feras voir ta délivrance ; et sur cette assurance d'attendre paisiblement ton secours ; et le temps de ma délivrance, soit que tu me la veuilles donner par les moyens ordinaires de la nature, soit qu'il te plaise de me l'envoyer par quelque voie extraordinaire.

Mais donne-moi surtout une vive et ferme espérance de ta béatitude céleste, fondée non sur mes satisfactions et sur mes mérites, ni sur les satisfactions et sur les mérites d'aucune créature, mais sur la seule satisfaction et sur le seul mérite de Jésus-Christ ton Fils, et sur la vérité des promesses qu'il nous fait en son Évangile que celui qui croit en lui ne viendra point en condamnation, mais qu'il est passé de la mort à la vie ; qu'il connaît ses brebis et leur donne la vie éternelle, et qu'elles ne périront jamais, et que nul ne les ravira de sa main. Affermis-la tellement en mon âme qu'il n'y ait jamais rien qui la puisse ébranler, et que je puisse, à l'exemple de ton apôtre, défier hardiment la mort, la vie, les anges, les principautés, les puissances, et toutes autres créatures, de ne me pouvoir jamais séparer de l'amour que tu m'as montré en ce grand Rédempteur. Qu'une si glorieuse espérance engendre dans mon cœur un saint et généreux mépris des choses basses et terrestres, comme indignes d'une âme qui a toutes ses prétentions dans le ciel.

Qu'en cette attente de la rémunération que tu me prépares là-haut, je trouve l'adoucissement de toutes les aigreurs de ma vie. Que ce me soit une ancre sûre et ferme contre toutes les tempêtes du monde, et un continuel encouragement à combattre le bon combat, et à poursuivre ma course avec zèle, jusqu'à ce que je parvienne à la jouissance même de cette gloire, dont aujourd'hui je n'ai que l'espérance. Fais-le, ô bon Dieu, pour l'amour de ton Fils unique, auquel avec toi et le Saint-Esprit soit honneur et gloire aux siècles des siècles.

30

Prière pour obtenir la charité.

SEIGNEUR MON DIEU, qui nous a dit en ta parole que tu es la charité même, donne-moi comme à ton enfant de t'imiter de tout mon pouvoir en cette excellente vertu que tu m'as tant recommandée, et de t'aimer de tout mon cœur, et tous mes prochains pour l'amour de toi. Tu m'as ordonné en ta loi de les aimer comme moi-même, de prendre part à tous leurs intérêts, de m'affectionner à leur bien, à leur honneur, à leur contentement et à leur salut, avec la même pureté, la même cordialité, et la même constance qu'au mien, et de ne leur jamais faire ce que je ne voudrais pas qu'on me fît. Fais-moi la grâce, ô Dieu, de me bien acquitter d'un devoir qui t'est si agréable. Je m'aime moi-même d'un amour sincère, fais que je les aime de même d'une charité sans feintise.

J'ai de grands défauts et en très grand nombre, et je ne me hais point pourtant, mais je t'en demande pardon de bon cœur, et je fais tout mon possible pour m'en corriger. Donne-moi d'en user de même envers eux ; que quelques imperfections qu'ils aient, je n'en prenne jamais sujet de les avoir en haine, mais que je les supporte avec le même esprit de douceur, dont je désire qu'ils supportent les miennes ; que je te prie pour eux, et que je contribue tout ce que je puis à leur amendement. Je n'ai jamais d'ombrage, ni de soupçon contre moi-même, que je n'en ai point non plus contre eux, mais que je juge le plus favorablement qu'il se peut d'eux et de leurs intentions.

Si quelqu'un de mes membres me fait de la douleur, je ne m'en irrite point contre lui, je ne l'afflige point pour m'en venger, je ne le retranche point par dépit. Au contraire, je le supporte, je le réchauffe et j'en ai beaucoup plus de soin que les autres. Fais-moi la grâce aussi quand mes prochains, qui sont comme mes membres, me font du déplaisir, que je ne m'en émeuve point contre eux, mais que je leur pardonne de bon cœur, et que je fasse tout ce qui m'est possible pour les guérir par ma douceur de la passion dont ils sont malades.

Arrache de mon cœur les plantes vénéneuses de haine, de colère, d'appétit de vengeance, et toutes autres affections contraires à la vraie charité, et m'inspire pour eux des sentiments de sincère dilection. Si tu les gratifies de tes faveurs temporelles ou spirituelles en plus grande mesure que moi, que je ne leur en porte point envie d'un œil malin, de ce que tu es bon envers eux, mais que plutôt je m'en réjouisse avec eux, et t'en rende grâce pour eux, comme si tu me les donnais à moi-même. Si au contraire, ils sont dans la nécessité et dans la misère, touche mon cœur de compassion envers eux, pour les secourir en leurs besoins avec une affection cordiale et d'une main aussi libérale que le peuvent porter les moyens que tu m'as donnés.

Que je fasse du bien à tous hommes à cause de ton image qu'ils portent, mais principalement aux frères dans la foi, comme à ceux que tu as rachetés par un même sang, sanctifiés par un même Esprit, honorés d'un même baptême, admis à une même table, et destinés à une même gloire que moi, et qui seront aussi bien que moi membres du corps mystique de ton Fils.

Que leur bonne réputation me soit en aussi grande considération que la mienne, et que non seulement je ne les rabaisse jamais, soit en leur imputant des péchés dont ils sont innocents, soit en étalant aux yeux du monde ceux dont ils sont coupables en effet, mais que je prenne même la défense de leur honneur quand il est attaqué ; que comme je suis bien aise d'avoir quelqu'un qui me tende la main quand je fais un pas glissant, ou qui me donne quelque soulagement quand je souffre de graves douleurs, je sois aussi toujours prêt à les assister de mes conseils en leur perplexité, et de mes consolations parmi leurs ennuis. Mais surtout que je m'intéresse et œuvre à leur salut comme au mien propre, embrassant très avidement toutes les occasions que tu me présentes ou de les retirer de l'erreur et de les amener à ta vérité par mes instructions, ou de les détourner du vice, et de les porter à la sainteté par mes remontrances, et par ma vie. Que je la règle tellement qu'elle ne leur soit jamais en scandale, mais en édification et en bon exemple.

Enfin, je te prie, ô mon Dieu, après m'avoir ainsi disposé envers eux, de leur donner de pareilles affections envers moi, afin qu'étant unis ensemble par cette charité mutuelle, qui est le lien de la perfection, nous ne fassions tous qu'un cœur, et qu'une âme, et que ta bénédiction et ta paix demeurent continuellement au milieu de nous, jusqu'à ce que nous parvenions à cet état si désirable où notre charité recevra sa perfection et sa couronne, et où nous serons faits parfaitement un avec toi et avec notre Seigneur Jésus selon ta promesse et notre espérance.

31

Prière pour obtenir la chasteté.

Seigneur mon Dieu qui es le saint des saints, et qui ne peut souffrir d'impureté en tes enfants, je m'adresse à toi comme au principe de la vraie sainteté, pour te supplier qu'il te plaise de la former en moi, et l'y ayant formé une fois de l'y conserver à toujours, et ainsi de me rendre digne de ton amour, de la communion de ton Fils, et de l'habitation de ton Saint-Esprit.

Purifie mon cœur de toute imagination déshonnête, et s'il s'y en élève quelqu'une par l'artifice du diable, ou par l'infirmité de ma chair, étouffe-la aussitôt par ton Saint-Esprit, en sorte qu'il n'y ait en mes affections, ni en mes pensées aucune chose indigne du saint nom que je porte, et de la qualité que tu m'as donnée de chrétien et de ton enfant. Et puisque tu n'as pas seulement choisi mon âme pour ton sanctuaire, mais aussi mon corps pour ton temple, repurge-le toi-même de tout ce qui est contraire à ta sainteté, et m'assiste si puissamment par ta grâce, qu'il ne m'advienne jamais de salir par aucune impudicité un corps que tu as honoré de ton alliance, ni de faire des membres de Christ les membres d'une paillarde ; mais que je possède toujours mon vaisseau en honneur et en sanctification.

Que dès que je me sens tenté à quelque action déshonnête, je me souvienne que je suis devant toi, et que tu as toujours l'œil sur moi, afin que le respect que je dois à ta sainte présence me soit un puissant motif de pudeur, pour dire avec ton serviteur Joseph : « Comment ferais-je un si grand mal, et pécherais-je contre Dieu ? » Que je me remette devant les yeux ce tribunal redoutable de ta justice devant lequel il me faudra un jour comparaître pour te rendre compte de toute ma vie, afin de ne la souiller point d'une tache qui t'est si odieuse. Que je me représente que le plaisir que je pourrais avoir en contentant ma sensualité ne serait que pour un moment, et qu'il serait suivi d'un repentir éternel. Que les paillards et les adultères n'hériteront point ton royaume, mais que leur portion leur est préparée dans l'étang ardent de feu et de soufre, qui est la mort seconde.

Ô Dieu de mon salut, garde-moi d'un si grand malheur, et de tout ce qui me pourrait inciter aux péchés qui y mènent. Qu'il n'y ait rien en tous mes membres que de pur et de chaste, ainsi qu'il appartient aux saints. Touche mes lèvres du feu de ton autel, afin qu'elles ne profèrent jamais aucun propos infect, mais tout propos d'édification, qui donne grâce à ceux qui l'entendent. Garde mes yeux et conduis mes regards en sorte qu'ils ne s'arrêtent jamais aux objets des sales convoitises, qui me pourraient faire tomber dans le vice. Mets une haie autour de mes oreilles, et bouches-en les avenues à tous propos lascifs qui pourraient faire brèche à la pudicité de mon cœur. Donne-moi aussi qu'en considérant combien le péché est contagieux, et combien ma chair est infirme, je fuis comme la peste toutes mauvaises compagnies qui pourraient corrompre ma pureté, et ne fréquente que des gens de bien, dont les mœurs et les entretiens me soient en bon exemple.

Si j'ai quelques défauts en mon tempérament qui me rendent enclin à ce vilain vice, corrige-le par ta vertu secrète, et tempère mes humeurs en sorte que je puisse avec plus de facilité résister à toutes les tentations que l'esprit immonde pourrait livrer à ma chasteté. Fais-moi la grâce que je ne lui donne jamais le moyen par mon oisiveté d'entretenir mon esprit de sales pensées pour me tenter à la luxure, et que je n'aide point à la mauvaise inclination de ma chair par mon intempérance au manger et au boire ; mais que l'ennemi de mon salut, toutes les fois qu'il voudra m'aborder, me trouve toujours occupé en quelque travail légitime et en quelque honnête exercice ; et que je mate tellement mon corps par la sobriété et par le travail, qu'il n'ait ni le loisir de songer à ses voluptés, ni le moyen de se rebeller contre toi. Et fais, enfin, que je passe toute ma vie dans une telle pureté, qu'au dernier jour je sois trouvé du nombre de ces bienheureux qui n'auront point souillé leurs vêtements, mais qui auront gardé leur corps et leurs esprits purs et incorruptibles pour ce jour-là, et qu'avec eux je puisse être introduit au palais de ta sainteté, pour y vivre éternellement en la compagnie de mon Sauveur, auquel avec toi et le Saint-Esprit, soit honneur et gloire aux siècles des siècles.

32

Prière pour obtenir la patience dans les afflictions et dans les douleurs.

Mon Seigneur et mon Dieu, sur la miséricorde duquel reposent toutes mes espérances, aie pitié de moi que tu vois accablé de maux, et qui réclame ton secours au fort de mon angoisse.

Ô Seigneur, je reconnais bien que je n'endure rien que je n'ai bien mérité, t'ayant offensé en tant de façons depuis que je suis sur la terre, et que tu aurais droit de me faire souffrir beaucoup davantage, si tu voulais user envers ta pauvre créature de toute la sévérité de ta justice. Mais tu es un Dieu compatissant qui ayant reçu en la mort de Jésus-Christ ton Fils la satisfaction de toutes nos offenses, ne nous afflige point pour nous en punir derechef en ta rigoureuse vengeance, mais seulement pour nous châtier comme tes enfants, et pour éprouver notre foi et notre obéissance, et qui nous a promis de ne permettre point que nous soyons tentés par-dessus ce que nous pouvons porter, mais de nous donner avec la tentation l'issue en sorte que nous la puissions soutenir. Regarde donc plutôt à ce que peut porter ma faiblesse, qu'à ce que méritent mes fautes, et proportionne ton châtiment et les épreuves où tu me mets à l'infirmité de ma pauvre chair.

Ô Dieu tu connais qui je suis, et sais bien que ma force n'est pas une force de pierre, et que ma chair n'est pas d'acier. Ne m'envoie donc point des maux qui m'engloutissent par leur violence, ou qui m'accablent de leur pesanteur. Si tu me veux tenir dans la souffrance, ta volonté soit faite ; mais que ta volonté soit, ô mon Dieu, ou de diminuer mes tourments, ou d'augmenter mes forces, et de me donner du courage autant que tu sais que j'en ai besoin. Afin que ni la véhémence de mes douleurs, ni l'impatience de ma chair ne m'emporte jamais à murmurer contre ta volonté, mais que je bénisse toujours ton saint Nom, en acquiesçant humblement à tout ce qui te plaira d'ordonner de moi, et m'assurant que comme c'est ta main qui m'envoie tous ces maux, ce sera elle-même qui m'enverra les remèdes. Comme quand tu as affligé ton serviteur Job, et que toutes tes flèches étaient en sa chair, desquelles son esprit suçait le venin, que tu le troublais même par songes et par visions, et que son âme se fondait en lui, tu l'as consolé par ta grâce, en sorte qu'assisté de la vertu de ton Esprit, il a toujours retenu dans le sien son intégrité et sa foi, et a déclaré hautement, que quand même tu le tuerais, il espérerait toujours en toi, et que quand les vers auraient rongé sa peau, il te verrait encore de ses yeux. Soutiens-moi par ce même Esprit, et fais abonder tout pareillement tes consolations en mon cœur, afin que j'espère toujours en toi, et que quoi que je souffre, je ne perde jamais courage.

Quand je suis dedans les douleurs, il me semble qu'il n'y en a point qui soit comparable aux miennes, et que je suis le plus misérable de tous les hommes. Mais donne-moi de me représenter combien plus violentes ont été celles de plusieurs de tes serviteurs, qui néanmoins les ont souffertes en grande patience, afin que je souffre de même les miennes en te glorifiant toujours comme ils ont fait. Donne-moi avec cela de considérer combien c'est peu de chose de tout ce que je souffre au prix de ce que j'aurais mérité, et que ton Fils unique a voulu endurer pour moi. Et combien doucement tu me traites de m'affliger en ma chair pour quelques moments, au lieu de me punir en corps et en âme par des supplices éternels. Fais même que je prenne ta visitation pour une preuve de ton amour, et du soin que tu daignes prendre de mon salut, sachant que ce que tu m'exerces ainsi par ta discipline, n'est que pour me rendre participant de ta sainteté, pour m'amener à une vraie repentance de mes péchés, pour me faire connaître par l'expérience de mes grandes infirmités, combien j'ai de besoin du secours continuel de ta grâce, pour mortifier les convoitises et les passions de ma chair, pour diminuer en moi l'amour de cette misérable vie, à laquelle je suis si fort attaché, et pour me faire désirer avec tant plus d'ardeur celle que tu me prépares là-haut. Et qu'ainsi mes maux me soient un sujet de reconnaissance de ta bonté, et non pas de plainte de ta rigueur.

Que s'ils semblent bien longs à mon impatience, arme-moi de cette pensée que toutes les souffrances du temps présent ne sont point à comparer avec la gloire qui doit être révélée en moi, et que ce sont de légères afflictions qui ne font que passer, mais qui doivent produire en moi un poids éternel d'une gloire excellemment excellente. Cela est bien vrai, ô mon Dieu, et si je le savais bien méditer je m'estimerais bien heureux de souffrir ainsi, afin d'être ainsi consolé. Mais quand je suis dans la grande ardeur de mon mal, je ne puis pas me le représenter de moi-même, la violence de mes douleurs engloutissant tout ce que je pourrais avoir de saintes méditations, et m'ôtant même le moyen de te prier ainsi qu'il convient.

Ô Père des miséricordes, Dieu de toute consolation, secours-moi en cette détresse, dissipe ce trouble de mon esprit ; et comme quand ton Fils était en sa plus grande angoisse, tu lui envoyas un ange pour le conforter, envoie-moi aussi tes ministres qui m'assurent de ton amour, me rappellent tes promesses, et me fassent voir les cieux ouverts et la couronne de justice qui m'y est préparée, après qu'avec ton alliance j'aurai combattu le bon combat, parachevé ma course, et gardé la foi. Et donne une telle efficace à leurs paroles en mon cœur, que je me réjouisse en toi-même en ces tristes moments, que je sorte de tous mes combats plus que victorieux, et que je puisse enfin parvenir à ces joies inénarrables, et à cette gloire immortelle dont tu as promis de couronner dans le ciel la foi et la patience de tes enfants, pour l'amour de ton Fils unique, qui avec toi et le Saint-Esprit soit béni aux siècles des siècles.

33

Prière pour obtenir une vraie repentance.

Seigneur mon Dieu, qui es si bon que tu ne veux point qu'aucun périsse, mais que tous viennent à la repentance, et qui as envoyé ton Fils au monde pour y appeler les pauvres pécheurs, j'ai mon recours à ta miséricorde, pour en obtenir une chose qui depuis que je suis déchu de ta grâce m'est si nécessaire pour y rentrer, et laquelle je sens fort bien que je n'ai point, et que je ne saurais avoir de moi-même. Je connais bien que le péché est une chose horriblement difforme, qui te déplaît infiniment, qui est le déshonneur et la honte de ma nature, et qui mérite que ceux qui le commettent soient exclus éternellement de l'entrée de ton royaume, et précipités en l'étang ardent de feu et de soufre, qui est la mort seconde. Mais avec toute cette connaissance, je ne laisse pas de l'aimer, et de le pratiquer autant de fois que l'occasion s'en présente. Je sais bien que j'en ai commis un grand nombre depuis que je suis en ce monde ; et que j'en fais encore tous les jours de nouveaux, dont il m'arrive souvent de sentir de très fâcheux remords. Mais ces remords sont la peine de mon péché et non pas son remède. C'est ce qui tourmente ma conscience, et non ce qui la peut apaiser. Je m'afflige d'avoir péché, mais à n'en point mentir, ce n'est pas tant, parce que je t'ai offensé, que parce qu'en le faisant j'ai attiré sur moi les peines que tu déclares aux pécheurs. Et ainsi ma tristesse est une tristesse selon le monde, et non point selon toi. J'aurai bien quelque désir de me voir délivré du péché, afin d'en éviter les peines ; mais je ne les quitte point pourtant, et n'en deviens en rien meilleur. Car la satisfaction qu'a eu ma chair en péchant et en assouvissant ses passions et ses convoitises, chatouille encore ma pensée, l'inclination à continuer en ces mêmes péchés est toujours attachée à moi ; et les objets qui m'y ont induit, toutes les fois qu'ils se présentent à mes yeux, ou même seulement à mon imagination, me tentent à les commettre tout aussi bien qu'auparavant. Ma raison y répugne bien, mais la loi de mes membres combat contre la loi de mon entendement, et me rend captif du péché. L'adversaire de mon salut me tenant tellement enlacé en ces pièges, qu'il m'est impossible de m'en défaire, si tu ne m'affranchis toi-même en me donnant une vraie repentance de mes péchés.

C'est pourquoi je te la demande au nom de Jésus-Christ ton Fils. Donne-la-moi mon Dieu, pour l'amour de ce grand Sauveur, afin que je puisse bientôt rentrer en ta grâce, sans laquelle je ne puis être qu'en une continuelle misère. Fais-moi sentir un cuisant déplaisir d'avoir été si misérable que d'offenser un Dieu si bon, et de payer de tant d'ingratitudes celui à qui je suis tant obligé pour ses continuels bienfaits. Que ma tête se résolve toute en eau, et que mes yeux soient une vive fontaine de larmes pour pleurer amèrement les péchés dont ma conscience me taraude, et qui ont allumé ta colère contre moi. Ôte-moi ce cœur de pierre qui s'endurcit si fort en ses vices, ce cœur stupide et insensible qui reconnaît si mal tes grâces, ce cœur rebelle qui résiste si fièrement à ton Esprit et à l'action de ta main, et m'en donne un de chair qui soit souple et obéissant à tes commandements, qui tremble à ta parole, qui ploie et s'humilie sous ta main, et qui soit tellement touché du sentiment de ses péchés qu'il ait beaucoup plus de douleur de les avoir faits, qu'il n'en a jamais eu de plaisir à les faire. Avec ce regret du passé, fais-moi concevoir une sainte honte de ma condition présente, de me voir souillé de tant de vices, ton image si défigurée en mon âme, mon entendement rempli de tant de ténèbres, ma volonté si rebelle à la tienne, et toutes mes affections si désordonnées, et si enclines à tout mal, enfin qu'ayant horreur de moi-même j'implore avec ardeur la grâce de ton saint Esprit qui me transforme complètement, et qui me fasse tout à fait nouvelle créature.

Mais donne-moi surtout de prendre une sincère, prompte et ferme résolution de renoncer désormais à mes vices, et principalement à ceux auxquels je me sens le plus enclin, et par lesquels je t'ai plus souvent offensé ; de me nettoyer de toute souillure de chair et d'esprit ; d'avoir en horreur le péché comme la porte des enfers, d'en fuir les occasions avec le plus grand soin, d'en craindre même l'ombre et la simple apparence. Et fais qu'en ayant pris une fois la résolution, je l'exécute de bonne foi, et m'acquitte religieusement de mon vœu, et maintenant et en tout le cours de ma vie. Que comme dès aujourd'hui tu m'appelles à repentance, dès aujourd'hui j'en embrasse l'étude et en fasse les œuvres. Que je ne retarde point de le faire lorsque je serai vieux ou malade, au lit de la mort ; mais que considérant combien est incertaine cette dernière heure, combien il y a de danger à y être surpris en l'exercice du péché, combien il est difficile de vaincre en un moment des habitudes de plusieurs années, et combien il serait injuste de me promettre d'être reçu de toi en ma mort après avoir donné toute ma vie au monde, que je rompe dès maintenant avec le monde pour me réconcilier avec toi, et être en bon état à quelque heure qu'il te plaise de m'appeler.

Fais, enfin, ô mon Dieu, qu'ayant fait une fois divorce avec le péché, je n'ai jamais plus de commerce avec lui, de peur que si ayant été délivré des souillures du monde, je m'y laisse entortiller derechef, retournant à mon vice, comme le chien à son vomissement, et la truie lavée à son bourbier, ma dernière condition ne soit pire que la première ; mais que je persévère toute ma vie en l'exercice d'une vraie repentance, et que la haine du vice et du péché, et l'amour de la sainteté et de la vertu croissent de plus en plus en moi, et que jusqu'à ma dernière heure toutes les convoitises et les mauvaises inclinations de ma chair soient éteintes entièrement par la mort, et mon esprit revêtu par le tien d'une parfaite sainteté, et pour comparaître devant toi, et pour être admis au repos qui nous a été acquis par le sang de ton Fils bien-aimé, auquel avec toi, et le Saint-Esprit, soit honneur et gloire aux siècles des siècles.

34

Prière pour obtenir la rémission des péchés.

Seigneur mon Dieu, je recours au trône de ta grâce, comme au refuge unique des âmes fidèles et repentantes, pour obtenir ta miséricorde, et ta paix au nom de Jésus-Christ ton Fils. J'avoue que j'en suis indigne, si tu me considères en l'horrible corruption de ma nature et de ma vie. Car j'ai été conçu en péché, et je n'étais pas encore né que j'étais déjà mort en mes vices, comme un misérable avorton qui est mort avant que de naître.

Dès mon enfance, j'ai fait paraître mon inclination naturelle à la vanité, à la colère, à l'envie, et à toute sorte de mal. Ma langue n'a pas plutôt commencé à se dénouer, et mes mains à se remuer que j'ai commencé à mentir, à rejeter mes fautes sur les autres, à injurier et à frapper. Quand je suis venu à un âge de discrétion, j'ai fait encore beaucoup pire, t'offensant mille et mille fois, tantôt par infirmité, tantôt par malice ; et en mes pensées qui n'ont été que mal en tout temps, et en mes paroles qui ont été pour la plupart ou vaines et oisives, ou sales et profanes, ou pleines de venin, de malignité et de médisance ; et en mes actions qui n'ont été qu'une perpétuelle contravention à tes commandements. Car je te devais consacrer tout mon esprit et tous les membres de mon corps, pour être des outils de justice en ta main, et je les ai tous appliqués au péché, pour lui être des instruments et des outils d'iniquité. Je te devais toutes les affections de mon âme, et je les ai toutes données au monde, à l'avarice, à l'ambition, et à la volupté. Tu m'avais ordonné de retirer mon cœur du service des créatures, et j'en ai fait mes dieux et mes idoles. J'étais obligé par toute raison à révérer ton nom grand et terrible, et je l'ai mille fois pris en vain. Tu m'ordonnais de vivre et de parler en vérité et en sincérité devant toi, et je ne me suis étudié qu'à me déguiser et à tromper les autres, ma conversation avec eux, n'ayant été le plus souvent que mensonge et hypocrisie. Tu m'avais obligé par un commandement très exprès à aimer tous mes frères comme moi-même, et je les ai souvent haïs comme mes ennemis, portant envie à leur prospérité, me réjouissant de leur disgrâce, et leur faisant toute sorte de déplaisirs, ou par pure malice, ou par mouvement de vengeance. Et tout cela en ta présence.

Car encore que j'ai bien su que tu vois toutes nos pensées, que tu entends toutes nos paroles, que tu connais toutes nos actions, et que nous avons à t'en rendre compte à l'heure de la mort, et au jour de ton jugement, je n'ai pas laissé de t'offenser, et de faire devant tes yeux beaucoup de choses très mauvaises et très honteuses que je n'eusse pas voulu faire en la présence du moindre de tous les hommes. J'ai craint leurs yeux, et je n'ai point respecté les tiens. Tu as vu tous ces péchés-là, et tu les as tous écrits en ton registre ; tu les as gravés en la table de mon cœur, comme avec un stylet de fer, et un poinçon de diamant, ma conscience m'en fait continuellement des reproches, et les menaces de ta loi contre ceux qui font de telles choses tonnent horriblement sur ma tête, me proclamant ta malédiction ; ce qui me remplit tout de troubles et de frayeurs.

Ô Seigneur que ferai-je ? Si je pense échapper. Où irai-je arrière de ton Esprit ? Où m'enfuirai-je arrière de ta face ? Tu m'enserres par-devant et par-derrière, tu m'encercle, soit que je marche, soit que je m'arrête ; et de quelque côté que je me tourne, je vois ta face courroucée, et ta main levée pour me punir. Et si je me résous à comparaître devant ton tribunal, et que tu veuilles entrer en jugement avec ton serviteur, comment me justifierai-je ? Si tu veux plaider avec moi, comment de mille articles pourrais-je répondre à un seul ? Non, je ne débattrai point avec toi, quand bien je serai aussi juste que je suis criminel, mais je demanderai grâce à mon juge ; je frapperai ma poitrine, et dirai avec le pauvre péager : « ô Dieu sois propice à moi qui suis pécheur. » Je te crierai avec ton prophète :

« Ô Dieu aie pitié de moi selon ta gratuité, selon la grandeur de tes compassions efface mes forfaits. Lave-moi tant et plus de mon iniquité, et me nettoie de mon péché. Car je connais mes transgressions, et mon péché est continuellement devant moi. J'ai péché contre toi, contre toi proprement, et j'ai fait ce qui est déplaisant devant tes yeux, afin que tu sois connu juste quand tu parles, et trouvé pur quand tu juges. J'ai été formé en iniquité, et ma mère m'a conçu en péché. Mais veuille créer en moi un cœur net, et renouveler au dedans de moi un esprit bien remis. Ne me rejette point de devant ta face, et ne m'ôte point l'esprit de ta sainteté. Rends-moi la joie de ton salut, et que l'Esprit franc me soutienne. ô Dieu, Dieu de mon salut, délivre-moi de tant de vices, et ne méprise point le cœur froissé et brisé que je te présente en sacrifice. »

Et en ces prières, mon Dieu, je me promets que tu m'exauceras, parce que je te les ferai au nom de ton Fils bien-aimé, qui t'a parfaitement satisfait pour toutes mes offenses, et que tu regarderas plutôt à sa mort, qu'à ma vie, à son mérite, qu'à mon indignité, et à son obéissance qu'à mes rebellions. Un si puissant intercesseur intervenant entre ta justice et mes fautes, qu'est-ce qui te pourrait empêcher de me faire miséricorde ? Serait-ce la grandeur et la multitude de mes péchés ? Mais tu as bien pardonné à Manassé qui avait répandu tant de sang innocent, et rempli ta sainte cité de sorcellerie et d'idolâtrie durant si longtemps. Et ne me pardonnerais-tu point quelque grand que puisse être le nombre de mes fautes, quand je t'en prie avec tant de douleur de t'avoir offensé ? Toi qui m'ordonne de pardonner à mon prochain, non pas sept fois, mais sept fois septante fois, et de couvrir par charité la multitude de ses péchés, aurais-tu moins de charité pour moi que tu n'en exiges de moi pour mes frères ? Serait-ce la grandeur des grâces que j'ai reçues de toi, et dont j'ai si ingratement abusé ? Mais David ton prophète, et saint-Pierre ton apôtre en avaient bien reçu de plus grandes, quand l'un a ravi Bathschéba, et fait mourir Urie, et l'autre a renié son Maître après tant de belles déclarations qu'il lui avait faites de sa fidélité ? Et tu n'as pas laissé de leur pardonner quand ils en t'ont prié de bon cœur. Serait-ce le scandale que j'ai donné à mes prochains ? Mais tu as bien reçu en grâce l'incestueux de Corinthe qui en avait donné un si grand, et la pécheresse qui avait rempli toute sa ville de la puanteur de son vice. Serait-ce que la foi avec laquelle j'implore ta clémence n'est pas assez vive et assez grande ? Mais tu as bien accepté celle du père du démoniaque, encore qu'elle fût si faible que lui-même avouait qu'elle méritait plutôt d'être appelée une incrédulité qu'une foi. Serait-ce que ma repentance est trop tardive ? Mais tu as bien fait miséricorde au brigand crucifié avec ton Fils, bien qu'il ne se soit converti qu'à l'heure de la mort, et tu lui as ouvert à l'heure même la porte de ton paradis, et l'entrée en ta gloire. Fais en de même envers moi, ô mon Dieu, et ne regarde point ni à la grandeur de mes vices, ni à l'imperfection de mes vertus ; mais me pardonne comme un père pardonne à son fils qui le sert.

Je t'en conjure par ta propre nature, qui est d'être un Dieu compatissant, miséricordieux, tardif à la colère, abondant en grâce ; qui ne rend point à tes enfants selon leurs péchés, mais éloigne de leur forfait autant que l'orient est éloigné de l'occident. Je t'en conjure par le sang de ton propre Fils, qui a fait l'expiation de tous mes péchés en la croix, et par tous ces horribles tourments qu'il a souffert, et au corps et en l'âme pour me réconcilier avec toi. Je t'en conjure par ces promesses si expresses que tu as faites aux pécheurs, que quiconque croira en lui, recevra rémission de ses péchés par son Nom ; que quand ils seraient rouges comme vermillon, tu les rendras blancs comme neige, et que tu les rejetteras tous au fond de la mer pour n'en avoir jamais de souvenance, et par ce grand serment que tu as prononcé de ta propre bouche : « Aussi vrai que je suis vivant, je ne prends point plaisir à la mort du pécheur, mais à ce qu'il se convertisse, et qu'il vive. » Je t'en conjure enfin par toutes les miséricordes dont tu as usé de tout temps à l'endroit des pauvres pécheurs, quand ils ont réclamé ta grâce. Tu n'en as jamais rejeté aucun qui l'ait implorée avec foi et avec repentance, et tu ne commenceras pas par moi à te montrer inexorable. Tu m'as racheté par un trop grand prix pour me laisser périr, et tu ne m'as pas admis à ton baptême et à ta sainte table, pour me refuser une grâce de laquelle tu m'y as donné de si précieux gages. Plutôt, Seigneur tu te laisseras fléchir à mes larmes et tu tireras mon âme de son angoisse, m'assurant en mon cœur que tu as effacé du tien pour jamais, tout ce en quoi je t'ai offensé depuis le commencement de ma vie jusqu'à maintenant.

Et alors, ô mon Dieu, étant justifié par la foi j'aurai paix envers toi ;

alors je me réjouirai en toi, d'une joie inénarrable et glorieuse ; alors je t'aimerai d'autant plus ardemment que tu m'auras pardonné de plus grands péchés ; alors je célébrerai partout les merveilles de tes grandes miséricordes ; alors en quelque état que je sois, je vivrai content et heureux, et ne craindrai ni la mort, à l'heure de laquelle je serai assuré d'être reçu en ton repos céleste, ni le jugement où je serai certain d'avoir mon Sauveur même et mon Avocat pour mon Juge, de recevoir de sa propre bouche la sentence de mon absolution éternelle devant les hommes et les anges, et d'être recueilli avec lui dans ton paradis pour t'y bénir et t'y glorifier éternellement.

35

Prière pour obtenir la paix de la conscience et l'assurance du salut.

SEIGNEUR BON DIEU, qui es le Père de notre Seigneur Jésus-Christ, le Père de miséricorde, et le Dieu de toute consolation, aie pitié de moi selon ta gratuité, et selon la grandeur de tes compassions ; secours mon âme en l'angoisse où la met la grandeur et la multitude de mes péchés.

J'en ai commis sans nombre et sans mesure, non seulement contre mes prochains, mais contre toi-même ; non seulement par ignorance de mon devoir, mais contre ma propre connaissance ; non seulement par la surprise de quelques tentations soudaines et véhémentes, mais de sang-froid et de malice délibérée. Et maintenant ils se présentent noirs et hideux devant mes yeux, et s'assemblant ensemble, forment une grosse et épaisse nuée, qui s'interposant entre toi et moi, empêche que mes prières ne puissent monter jusqu'à toi, et que tes consolations ne puissent descendre jusqu'à moi. Spectacle que je ne puis voir qu'avec une grande frayeur. Car ta loi qui les défend m'épouvante avec les tonnerres de ses menaces et de ses malédictions ; ta justice qui ne les peut laisser impunis, me remplit de terreur, ta bonté même me fait peur. Car tant plus tu es bon, tant plus as-tu en haine le mal. Et ce mal-là se trouve en moi dans toutes les parties de ma nature. Ma propre conscience m'en fait continuellement des reproches, et m'ajourne à toute heure devant ce tribunal redoutable, où j'ai à rendre compte de toute ma vie, et devant lequel il ne m'est pas moins impossible de me cacher, qu'intolérable de comparaître. Ta grâce même en Jésus-Christ, telle que ton Évangile me la propose, ne me peut consoler en cette détresse, parce que cette grâce salutaire à tous les hommes est clairement apparue afin que nous vivions sobrement, justement, et religieusement en ce siècle ; ce que n'ayant point fait jusqu'ici, je suis indigne d'en sentir les effets, comme l'ayant reçue en vain. Là-dessus ma foi branle et chancelle, entrant en d'horribles défiances de ton amour, et en de grands doutes de mon salut. Ce qui me donne d'incroyables inquiétudes, et fait que bien souvent je me trouve sans aucune consolation, et m'écrie avec ton prophète : « Le Seigneur m'a-t-il abandonné pour toujours, et ne poursuivra-t-il pas à m'avoir pour agréable ? Sa gratuité est-elle partie pour jamais ? Le Dieu fort a-t-il oublié d'avoir pitié ? A-t-il délaissé par courroux ses compassions ? » Ainsi suis-je agité dans ces tristes pensées qui me travaillent. Mais je ne désespère point pourtant de ta grâce ; au contraire tant plus j'en ai besoin, tant plus ardemment je l'implore.

Ô Éternel, aie pitié de moi, car je suis sans aucune force ; guéris-moi, car mes os sont ébranlés, même mon âme est grandement éperdue ; et toi, Éternel, jusqu'à quand ? Éternel retourne-toi vers moi, tire mon âme hors de peine, et me délivre pour l'amour de ta gratuité. Ne permets point que je sois englouti par une trop grande tristesse, ni que l'adversaire de mon salut après m'avoir poussé dans le péché, me pousse dans le désespoir. Plutôt, mon Dieu, tends-moi la main en cette violente tentation. Comme quand il te plaît, tu calmes les grands flots de la mer, calme ceux de ma conscience, et après tous mes troubles et toutes mes frayeurs, fais-moi entendre joie et félicité, afin que les os que tu as brisés, se réjouissent. Pardonne-moi tous mes péchés pour l'amour de ce grand Sauveur qui en a fait l'expiation par son sang, et me les ayant pardonnés, dis-moi comme ton Fils disait au paralytique : « Aie bon courage, mon fils, tes péchés te sont pardonnés » ; renvoie-moi comme la pécheresse avec ces mots de consolation : « Ta foi t'a sauvée, va-t-en en paix. » Donne ton Saint-Esprit qui rende témoignage au mien que je suis du nombre de tes enfants, et que si je suis de tes enfants, je serai aussi de tes héritiers, et des cohéritiers de ton Fils, afin qu'étant assuré de ma justification par la foi, et du droit que ton Fils Jésus m'a acquis à son grand salut, j'ai paix envers toi par lui. Que quoi qu'il m'arrive en ce monde, je me tienne ferme à la grâce à laquelle tu m'as amené, et que parmi mes plus grandes afflictions temporelles et spirituelles je me puisse glorifier en l'espérance de ta gloire sur la confiance de son mérite et de son intercession ; étant pleinement persuadé qu'il n'y a ni mort, ni vie, ni anges, ni principautés, ni puissances, ni choses présentes, ni choses à venir, ni hauteur, ni profondeur, ni aucune autre créature qui me puisse jamais séparer de ton amour.

Ô Dieu de toute grâce, fais que cette divine paix qui surpasse tout entendement m'accompagne en toute ma vie pour m'assurer contre toutes mes craintes et dissiper tous mes ennuis. Et à l'heure de mon trépas, dis-moi comme au pauvre brigand converti en la croix : « Aujourd'hui tu seras avec moi en paradis. » Fais-moi voir les cieux ouverts et la couronne de justice qui m'y est réservée ; afin qu'en étant assuré je quitte le monde sans regret, et me dépouille allègrement de ce corps corruptible pour m'envoler à toi, et être rassasié de ta joie en la contemplation de ta face.

36

Prière pour un malade.

SEIGNEUR, NOTRE BON DIEU, qui es le Père de notre Seigneur Jésus-Christ, le Père des miséricordes, et le Dieu de toute consolation, aie pitié de nous qui sommes ici devant toi. Nous sommes pauvres pécheurs, si tu nous regardes en la grande corruption de notre nature et de notre vie. Mais néanmoins nous sommes tes enfants puisque tu as eu tant de bonté pour nous que de nous adopter en ton Fils. En cette qualité reçois-nous à merci, et nous pardonne nos péchés, et nous donne ton Saint-Esprit, et nous remplis des sentiments de ton amour, et des consolations de ta grâce, jusqu'à ce qu'un jour, selon ta promesse et notre espérance, tu nous remplisses des joies de ton paradis.

Et puisque tu nous as commandé, Seigneur, qu'en toutes nos afflictions, et en toutes celles de nos prochains, nous ayons recours à ton aide, et que tu nous as promis qu'elle ne nous manquera jamais, trouve agréable la très humble supplication que nous te venons présenter en faveur de ton serviteur, que nous voyons en cet état d'affliction et de faiblesse, puisqu'il te plaît ainsi. Veuille, Seigneur bon Dieu, le regarder de l'œil de ton amour comme ta créature, et comme ton enfant, lui tendre du ciel ta main secourable, et le remettre en état de santé, afin qu'il te puisse servir avec tant plus de dévotion, de courage, d'allégresse, et de force durant tout le cours de sa vie.

Pour cet effet, bénis les remèdes qui lui sont apportés, bénis la nourriture qu'il reçoit, bénis le service qui lui est rendu, et fais que toutes choses réussissent à son soulagement, et qu'il ait occasion de reconnaître que sa personne t'est vraiment chère, et ses prières agréables. Mais parce que nos plus grands maux, et qui sont la source de tous les autres, ce sont nos péchés, ce que nous te demandons principalement pour lui, c'est qu'il te plaise de lui pardonner les siens en considération du mérite et de la satisfaction de ton Fils qui est mort pour lui en la croix. Donne-lui d'embrasser par la foi ce grand Rédempteur de son âme, de se repentir vraiment de ses fautes, de t'en demander pardon de bon cœur, et ensuite de voir ton visage apaisé, de concevoir une ferme assurance de sa réconciliation avec toi, et de jouir d'une profonde paix au-dedans de sa conscience, et d'une joie inénarrable et glorieuse qu'il lui soit comme un avant-goût de celle que tu lui prépares dedans ton royaume céleste.

Assiste-le puissamment par ta grâce dans l'épreuve et dans le combat où il est maintenant, et fais que ton bon Esprit, l'Esprit de ta consolation et de ton amour, soit jour et nuit en sa compagnie, qu'il le soutienne en sa faiblesse, qu'il le console en son ennui, qu'il le fortifie en la foi, qu'il lui donne patience en son mal, et qu'il lui fasse la grâce d'avoir toujours son esprit en repos, son âme élevée vers toi, sa volonté soumise à la tienne, et sa bouche ouverte à ta louange. Tant qu'en ce monde il pourra servir à ta gloire, à l'édification de ton Église, au bien des siens, et à son propre salut, veuille-l'y conserver par les moyens que tu sais être les plus propres à cet effet. Tu le peux, Seigneur, car tu es le grand Dieu tout-puissant, le Dieu des merveilles, qui mène au sépulcre, et qui en ramène. Tu nous as fait de rien, et de rien tu peux nous refaire.

Mais quand tu connaîtras que ce sera son meilleur de sortir de cette vallée de larmes, donne-lui de se conformer en cela, comme en toute chose à ta bonne et sainte volonté, et de se disposer par une vraie repentance de ses péchés, par une ferme confiance en ta miséricorde, et par un entier renoncement au monde, et par un désir ardent de la vie éternelle, à comparaître devant toi, comme devant celui de la main duquel il attend la couronne de gloire, et détachant doucement les liens qui tiennent son âme attachée à cette pauvre chair, et à ce misérable monde, envoie-lui tes anges qui la recueillent sur leurs bras, et la portent entre les tiens, où elle soit faite exempte à jamais de toutes les misères sous lesquelles elle gémit ici-bas, et éternellement jouissante des biens et des contentements infinis que tu as préparés à tous ceux qui ont ton amour et ta crainte, et qui te seront fidèles jusqu'à la mort. Exauce-nous pour l'amour de ton Fils unique, au nom du Père duquel nous te prions.

37

Prière pour un enfant malade.

Seigneur bon Dieu, aie pitié de ce pauvre petit enfant pour lequel nous sommes ici à genoux devant toi. Ne le regarde point comme un enfant d'Adam conçu dans l'infection du péché, ainsi que tout le reste des hommes, mais considère-le comme une créature que tu as formée à ton image, que tu as rachetée par le sang de ton Fils, et que tu as honorée du sceau de ton adoption au baptême[a]. Tu as eu soin de lui dès le sein de sa mère, ou durant plusieurs mois, comme par une espèce de miracle, tu l'as nourri sans manger, l'as fait vivre sans respirer, et l'as conservé dans le liquide amniotique sans qu'il se noie. Continue, ô bon Dieu, à lui faire sentir les effets de tes tendresses paternelles, le secourant en la souffrance en laquelle nous le voyons, et lui rendant sa première santé. Il ne peut pas, faute de raison et d'intelligence, t'exposer sa douleur, et te présenter ses prières. Mais nous te présentons les nôtres pour lui, et nous nous promettons de ta bonté que tu les auras agréables. Ses gémissements mêmes et ses cris te seront des prières qui attendriront tes entrailles à

---

a. Rien dans l'Écriture ne laisse penser que Dieu scelle son adoption des petits enfants à leur baptême : Jésus-Christ les a reçus dans ses bras, il les a bénis, mais il ne les a point baptisés, ni fait baptiser par ses disciples. Ceci dit, Dieu prête certainement plus d'attention à la sincérité d'une prière, qu'à son exactitude doctrinale. (ThéoTeX)

son endroit. Tu as bien eu compassion des petits enfants de Ninive qui ne savaient pas discerner leur main droite d'avec leur gauche. Tu exauces bien même les petits du corbeau quand ils crient à toi. Les petits de tes fidèles que tu as compris avec leurs pères en l'alliance de ta grâce, et dont tu as commis la garde à tes anges, te sont beaucoup plus précieux, et tu les chéris trop tendrement pour les laisser destitués du secours dont ils ont besoin.

Assiste-le donc, ô bon Dieu, comme l'un de tes enfants et soutiens sa faiblesse par ta vertu. Tu as bien voulu être son Père, en l'adoptant en Jésus-Christ ton Fils, ne dédaigne point aussi maintenant d'être son médecin ; et quant au corps, en lui restituant sa santé par les moyens que tu sais être convenables ; et quant à l'âme en la lavant au sang de ton Agneau qui ôte le péché du monde ; afin que les inclinations au péché qu'il a contractées dès le ventre de sa mère, ne lui soient point imputées en ton jugement, mais qu'il paraisse pur, juste et irrépréhensible devant ta face. S'il te plaît de le tenir plus longtemps sur la terre pour te servir et te glorifier au cours de sa vie, commence dès cette heure à corriger le vice de son tempérament, et à diminuer la force de sa concupiscence, et à mesure qu'il viendra à un âge de connaissance, illumine-le et le régénère par la vertu de ton Esprit, pour en faire un vaisseau d'honneur en ta maison. Que si tu aimes mieux le retenir dès maintenant du monde, pour l'exempter tout à fait des tentations des ennemis de son salut, de la contagion des mauvais exemples, et de tant de maux et de dangers auxquels cette pauvre vie est sujette, envoie-lui de là-haut tes saints anges qui le prennent entre leurs bras, et le portent entre les tiens, pour jouir éternellement de la souveraine félicité à laquelle tu l'as destiné.

Fais cependant la grâce au père et à la mère de te le résigner sans murmure, comme un dépôt que tu leur as donné en garde pour le reprendre à ta volonté, et de se représenter, que quant à lui il sera beaucoup mieux entre tes mains qu'entre les leurs, que ce leur sera beaucoup plus de bonheur et de gloire d'avoir dès maintenant une partie d'eux-mêmes dans le ciel, et qui t'y glorifie parfaitement parmi les esprits bienheureux, cependant qu'ils te serviront imparfaitement sur la terre parmi des hommes pécheurs et mortels, et que leur séparation d'avec lui ne sera pas longue, mais qu'ils seront bientôt recueillis au même repos que lui, et admis en la possession d'une même gloire qui nous a été acquise à tous par le sang de ton Fils bien-aimé, auxquels comme à toi et au Saint-Esprit, soit toute bénédiction et louange aux siècles des siècles. Ainsi soit-il.

38

Prière faite en une occasion particulière pour la consolation d'un mari extraordinairement affligé de la mort de sa femme, et loin de sa maison.

Seigneur bon Dieu, qui es le Père des miséricordes et le Dieu de toute consolation, nous sommes ici, genoux à terre, pour épandre nos âmes devant toi et implorer ton secours et ta grâce en l'extrême douleur de ton serviteur, et en celle que nous sentons à son occasion.

Ô Seigneur Dieu, tu lui avais donné une compagne de sa vie que tu avais enrichie de tant de grâces de ton Esprit, de tant de piété envers toi, de tant d'affection envers lui, de tant de discrétion et de douceur en toute sa conduite, qu'elle lui a été en consolation et en joie durant tout le temps qu'il t'a plu les tenir ensemble. Tu l'as maintenant séparée pour la conjoindre à toi, et pour la rendre effectivement heureuse de ces biens incompréhensibles en l'espérance desquelles tu l'avais élevée dans ton Église. Pour elle c'est le comble de son bonheur; mais hélas! pour ton serviteur c'est le comble de ses souffrances. En celle-ci, qui est si grande, ne l'abandonne point, mais au contraire redouble en lui l'efficace de ton Esprit pour la consolation de son âme. Fais qu'il rende tellement à la nature et à une affection si légitime et si sainte, les pleurs qu'elle demande en cette occasion, que ce soit en ton sein qu'il les verse ; qu'il tempère ses regrets par la considération de la soumission qu'il doit aux ordres de ta Providence, et qu'il se représente que celle dont la séparation lui est si amère, est maintenant avec toi en une condition infiniment plus heureuse qu'elle n'était ici-bas avec nous.

Ici-bas elle était sujette à de fréquentes maladies, et là-haut elle en est exempte à jamais. Ici-bas elle était parmi les hommes pécheurs et mortels, là-haut elle converse parmi les anges immortels, et parmi tous les esprits bienheureux. Ici-bas elle ne voyait que des misères publiques et particulières ; là-haut en la contemplation de ta face elle a un plein rassasiement de joie, et à ta dextre des plaisirs éternels, sans mélange d'aucun ennui. Alors elle était dans le combat, et maintenant elle est dans le triomphe. Elle croyait en toi, et maintenant elle te contemple. Elle espérait ton héritage, et maintenant elle le possède.

Il l'aimait tendrement et participait aux douleurs que ces maladies lui causaient ; fais qu'aussi maintenant il prenne part à sa félicité et à sa joie présente. Tu n'as pas voulu qu'à sa dernière heure elle ait eu son mari et ses enfants devant ses yeux, et ça a été un effet de ta sagesse et de ta bonté. Car cette vue n'eût servi qu'à attendrir son cœur, et à lui rendre son départ de ce monde plus pénible et plus difficile, le désir de ton paradis l'attirant au ciel, et celui de son mari et de ses enfants, la retirant en terre. Et cependant tu n'as pas manqué de lui donner tout ce qui lui était nécessaire pour la soulager, et pour l'aider à bien mourir. Tu l'as assistée de plusieurs amis qui l'ont servie avec affection, et même d'un ministre de ta parole, pour lui départir tes consolations, lui rappeler tes promesses, l'assurer de la rémission de ses péchés, et lui faire voir les cieux ouverts, et son Sauveur lui tendant les bras pour la recueillir. Avec ces aides elle s'en est allée à toi parmi les consolations et les prières, et a rendu des témoignages de sa foi, de sa piété et de son zèle qui ont ravi les assistants, et laissé sa mémoire en bénédiction dedans ton Église.

Ô Seigneur, nous te rendons grâce de ce que tu lui as donné de couronner une vie si chrétienne, d'une fin si heureuse, et te prions que tu nous fasses la grâce à tous de vivre et de mourir ainsi. Cependant son mari privé d'une si douce compagnie demeure ici dans les larmes et dans les regrets. Ô Seigneur, soutiens-le dans cette dure épreuve, verse en cette grande et douloureuse plaie que tu as faite à son esprit le puissant et précieux baume de tes saintes consolations. Tu l'as béni en son mariage, et tu lui as donné plusieurs enfants en ta grâce. Veuille les lui conserver longuement, lui donner de les élever heureusement en ton amour ; les prendre en ta protection et en ta conduite, et les accompagner de tes plus précieuses faveurs temporelles et spirituelles. Bénis toute la parenté, et fais qu'elle soit toujours en exemple et de toutes les vertus chrétiennes, et de ta bénédiction sur ceux qui te craignent. Nous te le demandons en l'humilité de nos cœurs, et de toute l'ardeur de nos affections, au nom de ton Fils bien-aimé, en qui tu as promis d'avoir agréables nos personnes et nos prières.

39

*Prière pour la consolation d'une femme
qui a perdu son mari.*

Seigneur, notre bon Dieu, nous sommes ici devant toi pour implorer l'assistance de ton Esprit en faveur de cette tienne servante que nous voyons si extraordinairement éplorée avec toute sa famille. Tu vois la grandeur de son mal, la détresse de son esprit et l'infirmité de sa chair.

Ô Dieu ! Ne l'abandonne point mais soutiens-la par ta puissante main ; afin qu'elle ne succombe point sous le faix d'une si grande affliction mais, qu'étant assistée de moment en moment des consolations les plus vives et les plus efficaces de ton Esprit, elle souffre son mal avec une docilité et une patience chrétienne, bénissant et glorifiant toujours ton saint Nom.

Fais-lui la grâce qu'au lieu d'attacher son esprit aux funestes objets qui sont capables d'irriter sa douleur, elle l'arrête à cette méditation : que comme tu es l'auteur et le maître de notre vie, tu as un souverain droit d'en disposer comme il te plaît ; que tu n'en disposes jamais que pour notre salut, aussi bien comme pour ta gloire ; que toutes choses aident ensemble en bien à ceux qui t'aiment ; que quant à celui qu'elle pleure, il est maintenant bienheureux en ton repos céleste auprès de Jésus-Christ son Sauveur ; ce qui lui est incomparablement meilleur que de languir encore avec nous en cette vallée de larmes ; et que quant à elle, encore qu'elle ait fait une très grande perte, tant que ta grâce lui demeure, elle a de quoi s'estimer bienheureuse, que tu l'as affligée, mais que tu es puissant pour la consoler, et que tu n'y manqueras point, étant toujours près des cœurs affligés qui implorent ton aide avec foi, mais principalement des veuves et des orphelins, auxquels tu as promis particulièrement d'être leur protecteur et leur père.

Ô Père des miséricordes, donne efficace à ces saintes considérations en son cœur, et parfais ta vertu en son infirmité, afin qu'en cette émotion violente de son esprit il n'entre rien en sa pensée, ni ne sorte rien de sa bouche qui soit contraire au saint respect qu'elle doit à ta volonté, mais qu'elle adore en toute humilité tes conseils, et qu'après avoir satisfait à la nature par ses larmes, elle donne lieu à la raison et à la piété, pour ne s'abandonner point à son deuil au préjudice de la tranquillité de son âme et de la santé de son corps, mais pour se fortifier en toi, et se conserver à ses enfants, auxquels elle est si nécessaire, et auxquels elle doit servir désormais de père et de mère tout ensemble. Comme elle a aujourd'hui plus de charge qu'elle n'a jamais eu, donne-lui aussi plus de lumière et de force d'esprit que jamais pour sa conduite et pour ses enfants, et que tu l'assistes de ta vertu et de la bénédiction de ta grâce en ses affaires et aux leurs.

Regarde-les bon Dieu, de ton amour, et comme tu leur as fait cette grande plaie, veuille y répandre toi-même le baume salutaire de tes saintes consolations, leur mesurer ton assistance selon le besoin qu'ils en ont, et leur faire la grâce de porter cette affliction avec la modération d'esprit et avec la constance qui est convenable à des personnes nourries en ton école. Donne-leur de bien retenir les saints enseignements que leur père leur a donnés, et de bien imiter l'exemple de sa piété, et de sa charité et de toutes ses autres vertus. Afin que vivant en ta crainte et en ton obéissance comme il a fait, ils expérimentent en toute leur vie combien tu es puissant, charitable et miséricordieux envers ceux qui t'aiment, et qui mettent toute leur confiance en toi seul, et toute leur félicité à te plaire. Couvre toute cette famille de la protection de ta bienveillance, que ton œil veille continuellement sur elle, et que toutes tes grâces et tes bénédictions y abondent. Mais surtout maintiens-y toujours ta connaissance, ta crainte et ton amour afin que tu y sois reconnu, servi et adoré de génération en génération.

Et enfin, ô notre bon Dieu, fais-nous la grâce à tous en général, en quelque façon qu'il te plaise de disposer ou de nous, ou des nôtres, de supporter nos afflictions et nos pertes avec la constance que nous devons, d'en prendre occasion de nous détacher de l'amour du monde pour nous attacher à toi seul, et de nous résigner tout à fait à la disposition de ta providence, jusqu'à ce que nous retirant de ce misérable séjour, où nous avons de jour en jour tant de nouveaux sujets de larmes et d'ennuis, tu nous amènes à cet état tant désirable où il n'y aura plus de deuil, de cris ni de travail, mais un parfait rassasiement de joie en la contemplation de ta face, et où nous te louerons aux siècles des siècles avec tes anges et tous les esprits bienheureux.

40

Prière du fidèle qui s'afflige de ce qu'il ne prie pas Dieu comme il faut.

SEIGNEUR MON DIEU, qui es le Père des miséricordes, et le Dieu de toute consolation ; je viens à toi pour t'exposer le fâcheux travail que je souffre, en ce qu'ayant tant d'obligations à te prier incessamment comme tu l'ordonnes par la bouche de ton propre Fils, et en ayant tant de besoins à cause de mes grandes infirmités, je ne puis disposer mon esprit comme je voudrais à ce religieux devoir. Car quand je pense te prier, je me trouve comme possédé par un esprit muet, et je ne puis dénouer ma langue pour te faire mon oraison. Si je te récite quelque prière, je la prononce bien de la bouche, mais mon cœur n'y est point. Je m'y porte si froidement, si lâchement, avec tant de distractions, que je doute souvent s'il ne me vaudrait point mieux ne te prier pas que de te prier de la sorte. Car je t'offense en cela-même, et ma prière m'est tournée en péché.

Aussi je n'en retire point les consolations que tu as accoutumé de donner à ceux qui te prient comme ils doivent. Je viens à toi comme à la source de salut, pour y puiser des eaux avec joie ; mais je m'en retourne souvent comme j'y suis venu, mon vaisseau vide et mon âme pleine d'ennui. Ce qui me donne de mortelles appréhensions que tu aies tout à fait retiré de moi ton Esprit, et que je n'ai plus rien à prétendre en ta grâce. Je me console bien en quelque façon au témoignage que ma conscience me rend, que je ne suis pas comme ces impies qui ne t'invoquent point tout à fait, qui ne reconnaissent point leur défaut, qui ne s'en affligent aucunement, et qui n'en recherchent point le remède ; tandis que je reconnais et déplore en cela mon malheur, que j'en cherche le remède en ta grâce. Et là-dessus je dis : Si tu m'avais abandonné entièrement, je n'aurais point ces sentiments et ces mouvements-là. Car ce n'est pas ma chair qui les produit en moi, ce sont des fruits de ton Esprit. Mais néanmoins tant que je suis en cet état, et dans cette impuissance de te prier comme je dois, je sens mon âme travaillée de fâcheuses tentations qui m'empêchent de bien goûter la douceur de ta grâce, et me rendent la vie amère et la mort effroyable.

De remédier de moi-même au mal dont je me plains, à cette pesanteur d'esprit, et à cette froideur d'affection que je ressens en mes prières, il m'est impossible. Le vouloir est bien attaché à moi, mais je ne trouve point en moi le moyen de parfaire le bien. Je fais ce que je puis par la voix, par le geste, et par autres moyens pour échauffer mon cœur, et m'obliger à l'attention et à la dévotion que requiert un si saint exercice. Mais tant plus je m'efforce, tant plus je reconnais que la faculté de te bien prier n'est pas une habitude qui se puisse acquérir par l'industrie humaine, que c'est un don qu'il ne faut attendre que de toi seul, qu'il faut que ce soit ton Esprit qui soulage notre faiblesse, et qui crie lui-même en nos cœurs, *Abba, Père*, c'est pourquoi je recours à toi pour te demander cet Esprit, qui est l'Esprit de grâce et de supplication.

Ô Dieu qui alluma jadis le sacrifice d'Élie, encore qu'il fût imprégné et environné d'eau, envoie sur le mien le feu sacré de cet Esprit, qui embrase mon cœur, mes affections, mes prières, et qui vaporise toute cette eau de froideur et d'indifférence qui est à l'entour. Ôte premièrement mes péchés qui m'ont rendu digne d'un si grand mal, me les pardonnant pour l'amour de Jésus-Christ ton Fils, et me gardant d'y retomber, de peur de retomber en ton offense, et en la même peine où je suis. Guéris-moi de ces maladies spirituelles, qui sont la vraie cause de ma langueur en l'exercice de l'oraison. Mets en mon esprit les pensées, et en ma bouche les paroles qui sont convenables pour te prier d'une façon qui te soit agréable. Écarte toutes les pensées frivoles, et les mauvaises imaginations, qui me pourraient distraire lorsque j'y vaque, et me donne d'y apporter un esprit attentif, et une vraie et ardente dévotion. Fais-m'y trouver la joie et la consolation de mon âme, afin que je goûte tant mieux ta bonté, que je sois tant plus assuré que mes oraisons te sont agréables, et que je me plaise davantage à ce salutaire exercice.

Mais quand pour éprouver ma patience et ma foi, ou pour empêcher que je ne te serve pour mon seul intérêt, tu me voudrais sevrer de ces douceurs, fais que je ne me rebute point pourtant d'un si nécessaire devoir, mais que j'y persévère constamment jusqu'à la fin. Fais, enfin, ô mon Dieu, que par quelque épreuve qu'il te plaise de me faire passer, quelque trouble que Satan me donne, et quelque imperfection que je trouve ou en moi ou en ma prière, je continue toujours à te rendre ce que je te dois comme à mon Créateur et à mon Père, et qu'encore que pour quelque temps tu ne répondes point à mes cris, que j'ai toujours cette ferme espérance que tu m'exauceras au temps de ton bon plaisir, et de mon extrême besoin. Je me le promets ainsi, ô mon Dieu, parce que je sais que tu n'exauces pas tes enfants à cause de leur excellence ou de celle de leurs prières, mais à cause de ton infinie miséricorde, et de l'intercession de ton Fils.

Tu as exaucé David autrefois, encore que bien souvent ses prières fussent plutôt des cris et des rugissements confus, que des prières distinctes et bien formées. Aussi osé-je m'assurer que quand je n'aurais que des soupirs à te présenter, quand je ne serais pas capable de les exprimer, quand mes prières seraient accompagnées de toutes les infirmités du monde, tu ne me repousseras point, mais que tu couvriras tout ce qu'il y a en moi de défaut, que tu pardonneras à toutes mes faiblesses, et qu'après m'avoir fait goûter toutes tes consolations, et en la vie et en la mort, tu m'amèneras enfin à ton grand salut. Père de grâce et de miséricorde, fais que je ne sois point confus en cette espérance. Je t'en supplie et t'en conjure par les entrailles de tes compassions éternelles, par les mérites et l'intercession de ton Fils, par la fidélité de tes saintes promesses, et par toutes les bontés dont jusqu'ici tu as daigné user envers moi, afin qu'en sentant continuer les effets en moi et sur moi, j'en puisse bénir et glorifier ton saint Nom en ce siècle et en l'autre, par Jésus-Christ notre Seigneur, auquel avec toi et le Saint-Esprit, soit honneur et gloire éternellement. Amen.

41

Prière du fidèle qui s'afflige de ce qu'il n'entend pas la parole de Dieu comme il doit.

SEIGNEUR MON DIEU, je me trouve bienheureux de ce que j'ai, par ta grâce, le privilège de vivre dans ton Église, et d'y entendre tous les jours ta Parole, pour en être rendu sage à salut. Tandis qu'il y en a tant d'autres que tu laisses errer dans leurs voies, et sur qui tu ne fais point lever le Soleil de justice pour les adresser dans les tiennes.

Mais, hélas ! Je me sens d'autant plus misérable qu'ayant un si grand avantage, j'en fais si mal mon profit. Je me trouve bien avec tes enfants dans les saintes assemblées où tu fais entendre ta voix ; mais j'y suis bien souvent comme une idole qui a des oreilles, et qui n'entend point. Pendant que tes ministres me prêchent, je m'endors à leur son, et si je veille, j'ai mon esprit distrait de mille pensées frivoles, et même de plusieurs qui sont très mauvaises. Et quand j'y mets mon esprit le plus attentif, je n'en sens point l'opération en mon âme. Ta parole n'en éclaire que la superficie ; l'intérieur demeure aussi opaque et aussi sombre qu'avant, et ses aiguillons s'émoussent contre la dureté de mon cœur. J'entends bien tes enseignements, mais je n'en sens point augmenter ma connaissance ni ma foi. J'entends bien tes promesses, mais je ne m'en sens point excité à courir après toi en l'odeur de tes parfums. Tes menaces m'entrent bien par les oreilles, mais je n'en suis point touché comme il faut pour me séparer de mes vices, et pour cheminer en ta crainte. Que s'il m'arrive quelquefois durant la prédication de me sentir ému de la représentation qui m'y est faite de la beauté de la vertu, de la difformité du vice, de l'immortalité glorieuse qui attend les bons après cette vie, et des tourments qui y sont préparés aux impies et aux impénitents, et de former sur l'heure quelque bon dessein de me convertir ; ce n'est qu'un feu de paille, qui s'éteint tout à fait sitôt après. Je ne suis pas sorti du temple que je l'ai oublié, et que je retourne à t'offenser tout de même qu'auparavant.

Là-dessus l'adversaire de mon salut me vient souffler aux oreilles que c'est en vain que je m'amuse à écouter ta Parole, que cela ne me sert de rien, qui ne fait qu'irriter mes convoitises, que rendre mon péché excessivement pécheur, et enfin qu'aggraver ma condamnation, comme d'un mauvais serviteur qui sait la volonté de son maître, et qui ne la fait point. Et par là, il tâche à me persuader de m'en déporter tout à fait, comme d'un exercice nuisible plutôt que salutaire. Je m'en garderai bien, ô mon Dieu, c'est la nourriture de mon âme, encore qu'à cause de mon intérieure indisposition elle me semble insipide et même amère, que j'ai peine à l'avaler, et qu'elle ne me profite pas comme je voudrais, je ne laisserai pas d'en user. Bien que cette sainte semence que tu jettes dans mon cœur, y demeure comme ensevelie pour quelque temps, que je ne l'y vois pas moi-même, et qu'elle ne produise aucun bon fruit, je ne désespérerai point qu'elle n'en doive produire en son temps, et que bien que je ne me puisse pas disposer de moi-même à entendre comme il faut ta Parole, j'espérerai toujours que tu m'y disposes toi-même par la grâce de ton Esprit.

C'est pourquoi je t'implore et te supplie que comme tu m'adresses extérieurement ta Parole, il te plaise aussi de me donner l'attention et la docilité nécessaire pour l'écouter religieusement, et pour m'en prévaloir à ma sanctification et à ma consolation. Ouvre mon cœur, comme tu ouvris autrefois celui de Lydie, afin que j'écoute avec fruit les choses qui me sont prêchées par tes ministres ; ô Père, puissant en toutes les facultés de mon âme, afin que leur prédication et le soin que je prends de les entendre, me soient salutaires. Épands ta lumière céleste en mon entendement, pour bien comprendre les mystères de ton royaume qui m'y sont exposés. Fléchis ma volonté, à l'obéissance de la tienne, comme tu me donnes de l'y entendre. Allume en toutes mes affections une vraie et ardente dévotion, afin que mon cœur brûle dedans moi, lorsque j'écoute exposer tes saintes Écritures. Fortifie ma mémoire pour bien retenir les enseignements qui m'y sont donnés de ta part, et ne jamais les laisser s'effacer. Fais que je les aie sans cesse devant les yeux, que je les prenne pour la règle de toutes mes pensées, de toutes mes paroles, et de toutes mes actions ; que je m'applique tes censures pour me corriger de mes vices, tes exhortations pour m'animer au bien, tes consolations pour souffrir patiemment mes ennuis, et que le plus ardent de tous mes désirs soit de te plaire en fructifiant en toute bonne œuvre. Tu m'en as donné le vouloir, donne-m'en aussi le parfaire.

Pour cet effet, toutes les fois que je lis ta Parole, ou que je l'entends prêcher à tes serviteurs, accompagne-la en mon cœur de la vertu de ton Saint-Esprit. Fais-m'en sentir de plus en plus l'efficace, afin qu'étant assisté de ta grâce, je fasse tous les jours de nouveaux progrès, et en ta connaissance et en la vraie sainteté. Que si la doctrine de ton Évangile, qui est l'instrument puissant par lequel tu y formes les hommes, descend au commencement sur moi comme une pluie fine sur l'herbe naissante, elle y tombe à la fin comme une grosse pluie sur l'herbe drue. Et qu'ainsi au lieu de l'appréhension où je suis d'être une terre ingrate, qui étant arrosée de l'eau du ciel ne produit que des épines et des chardons, laquelle est rejetée, prête d'être maudite, destinée à être brûlée, je sois une terre bien préparée, qui par la bénédiction de ta grâce produise de bons fruits qui te soient agréables par Jésus-Christ, cette année trente pour un, la suivante soixante, et enfin jusqu'à cent à ta gloire, à l'édification de mes prochains, et à ma consolation, jusqu'à ce que je parvienne à cette glorieuse condition, en laquelle je n'aurai besoin pour te connaître et pour t'aimer, ni de la prédication de ta Parole, ni des autres moyens par lesquels la foi de tes élus se conserve et s'augmente ici-bas, et où je te contemplerai face à face, et serai fait semblable à toi selon ta promesse et mon espérance.

Table des matières

Dédicaces   1

1. Prière à Dieu pour obtenir le don de la prière.   5

2. Prière pour le matin.   7

3. Autre prière brève pour le matin.   10

4. Prière pour le soir.   11

5. Autre prière brève pour le soir.   13

6. Prière et méditation du fidèle quand il se réveille de nuit.   15

7. Prière et méditation avant la communion de la sainte-cène.   19

8. Prière pour la communion de la sainte-cène.   26

9. Action de grâce après la communion de la sainte-cène.   29

10. Prière du fidèle en voyage.   32

11. Prière en maladie.	34
12. Action de grâces du fidèle pour sa convalescence.	38
13. Prière du fidèle dans l'agonie.	42
14. Autre prière à Jésus-Christ.	44
15. Autre prière au Saint-Esprit.	46
16. Prière du fidèle en tout temps.	48
17. Prière des père et mère pour leurs enfants.	52
18. Prière des enfants pour leur père et mère.	55
19. Prière pour l'Église.	56
20. Prière en la calamité publique de l'Église.	63
21. Prière pour l'État.	69
22. Oraisons brèves pour dire à toutes heures.	73
23. Brève oraison du fidèle approchant de la mort.	74
24. Prière en tout temps.	76
25. Prière pour obtenir la foi.	77
26. Prière du fidèle pour l'augmentation de sa foi.	79

27. Prière du fidèle pour sa persévérance dans la foi. 80

28. Prière d'un fidèle persécuté tout de suite après sa conversion. 83

29. Prière pour obtenir l'espérance. 86

30. Prière pour obtenir la charité. 89

31. Prière pour obtenir la chasteté. 91

32. Prière pour obtenir la patience dans les afflictions et dans les douleurs. 94

33. Prière pour obtenir une vraie repentance. 97

34. Prière pour obtenir la rémission des péchés. 100

35. Prière pour obtenir la paix de la conscience et l'assurance du salut. 104

36. Prière pour un malade. 107

37. Prière pour un enfant malade. 109

38. Prière faite en une occasion particulière pour la consolation d'un mari extraordinairement affligé de la mort de sa femme, et loin de sa maison. 111

39. Prière pour la consolation d'une femme qui a perdu son mari. 114

40. Prière du fidèle qui s'afflige de ce qu'il ne prie pas Dieu comme il faut. 116

41. Prière du fidèle qui s'afflige de ce qu'il n'entend pas la parole de Dieu comme il doit. 119